AF198054

Tucholsky Wagner Zola Scott Sydow Freud Schlegel
Turgenev Wallace Fonatne
Twain Walther von der Vogelweide Fouqué Friedrich II. von Preußen
Weber Freiligrath Frey
Fechner Fichte Weiße Rose von Fallersleben Kant Ernst Richthofen Frommel
Hölderlin
Fehrs Engels Fielding Eichendorff Tacitus Dumas
Faber Flaubert
Feuerbach Maximilian I. von Habsburg Fock Eliasberg Zweig Ebner Eschenbach
Ewald Eliot Vergil
Goethe Elisabeth von Österreich London
Mendelssohn Balzac Shakespeare Dostojewski Ganghofer
Trackl Lichtenberg Rathenau Doyle Gjellerup
Mommsen Stevenson Hambruch
Thoma Tolstoi Lenz Hanrieder Droste-Hülshoff
Dach Verne von Arnim Hägele Hauff Humboldt
Karrillon Reuter Rousseau Hagen Hauptmann Gautier
Garschin Defoe Baudelaire
Damaschke Descartes Hebbel Hegel Kussmaul Herder
Wolfram von Eschenbach Dickens Schopenhauer
Darwin Melville Grimm Jerome Rilke George
Bronner Bebel
Campe Horváth Aristoteles Proust
Bismarck Vigny Barlach Voltaire Federer Herodot
Gengenbach Heine
Storm Casanova Tersteegen Grillparzer Georgy
Chamberlain Lessing Langbein Gilm Gryphius
Brentano Lafontaine
Strachwitz Claudius Schiller Kralik Iffland Sokrates
Katharina II. von Rußland Bellamy Schilling
Gerstäcker Raabe Gibbon Tschechow
Löns Hesse Hoffmann Gogol Wilde Gleim Vulpius
Luther Heym Hofmannsthal Morgenstern
Roth Heyse Klopstock Klee Hölty Kleist Goedicke
Luxemburg Puschkin Homer Mörike
La Roche Horaz Musil
Machiavelli Kierkegaard Kraft Kraus
Navarra Aurel Musset Kind
Nestroy Marie de France Lamprecht Kirchhoff Hugo Moltke
Nietzsche Nansen Laotse Ipsen Liebknecht
Marx Lassalle Gorki Klett Ringelnatz
von Ossietzky May vom Stein Lawrence Leibniz Irving
Petalozzi Platon Knigge
Sachs Poe Pückler Michelangelo Kafka
Liebermann Kock
de Sade Praetorius Mistral Zetkin Korolenko

Der Verlag tredition aus Hamburg veröffentlicht in der Reihe **TREDITION CLASSICS** Werke aus mehr als zwei Jahrtausenden. Diese waren zu einem Großteil vergriffen oder nur noch antiquarisch erhältlich.

Symbolfigur für **TREDITION CLASSICS** ist Johannes Gutenberg (1400 — 1468), der Erfinder des Buchdrucks mit Metalllettern und der Druckerpresse.

Mit der Buchreihe **TREDITION CLASSICS** verfolgt tredition das Ziel, tausende Klassiker der Weltliteratur verschiedener Sprachen wieder als gedruckte Bücher aufzulegen – und das weltweit!

Die Buchreihe dient zur Bewahrung der Literatur und Förderung der Kultur. Sie trägt so dazu bei, dass viele tausend Werke nicht in Vergessenheit geraten.

Der Kampf um's Recht

Rudolf von Ihering

Impressum

Autor: Rudolf von Ihering
Umschlagkonzept: toepferschumann, Berlin

Verlag: tredition GmbH, Hamburg
ISBN: 978-3-8424-9103-8
Printed in Germany

Text der Originalausgabe

Der Kampf um's Recht

Von

Dr. Rudolf von Ihering,

kgl. preuss. Geh. Justizrath und Professor an der Universität Göttingen.

Motto:
Im Kampfe sollst du dein Recht finden.

Seiner verehrten Freundin
der Frau Professorin
Auguste von Littrow

als Erinnerungsblatt dauernder Dankbarkeit
und Anhänglichkeit bei seinem Abschiede von
Wien (1872) überreicht
vom Verfasser.

Vorrede.

Im Frühjahr 1872 hielt ich in der juristischen Gesellschaft in Wien einen Vortrag, den ich im Sommer desselben Jahres in wesentlich erweiterter und auf das grössere Lesepublikum berechneter Gestalt unter dem Titel: ›Der Kampf um's Recht‹ der Oeffentlichkeit übergab. Der Zweck, der mich bei Ausarbeitung und Veröffentlichung der Schrift leitete, war von Haus aus weniger ein theoretischer als ein ethisch-praktischer, weniger darauf gerichtet, die wissenschaftliche Erkenntniss des Rechts, als diejenige Gesinnung zu fördern, aus der dasselbe seine letzte Kraft schöpfen muss: die der muthigen und standhaften Bethätigung des Rechtsgefühls.

Schon zwei Monate nach dem Erscheinen der ersten Auflage ward eine zweite nöthig, im folgenden Jahre eine dritte, im darauf folgenden eine vierte. In Bezug auf letztere machte mir die Verlagshandlung, um die Verbreitung der Schrift in weiteren Kreisen ihrerseits möglichst zu fördern, den Vorschlag einer billigen Volksausgabe zu bedeutend ermässigtem Preise (einem Drittel des früheren Ladenpreises), was buchhändlerisch nur durch vereinfachte Ausstattung und eine ungewöhnliche Stärke der Auflage zu erzielen war. Da auch bereits die vorhergehenden Ausgaben das gewöhnliche Maass überschritten hatten, und der Markt im Auslande durch die in reicher Zahl erscheinenden Uebersetzungen mehr und mehr verschlossen ward, so wagte ich nicht mehr zu hoffen, dass noch eine spätere Auflage nöthig werden würde. Wenn es doch dazu gekommen ist, so gilt mir dies als Beweis, dass die Schrift die Erfolge bei ihrem ersten Erscheinen nicht dem Reiz der Neuheit verdankt hat, sondern der Ueberzeugung des grösseren Publikums von der Richtigkeit der in ihr verfochtenen Grundansicht. Darin bestärkt mich auch das Zeugniss des Auslandes, das sich in der überaus grossen Zahl von Uebersetzungen der Schrift kundgibt.

Im Jahre 1874 erschienen an Uebersetzungen:

1. eine ungarische von *G. Wenzel*, Pest;
2. eine russische in einer in Moskau erscheinenden juristischen Zeitschrift von einem Ungenannten;
3. eine zweite russische Uebersetzung von *Wolkoff*, Moskau;

4. eine neugriechische von *M. A. Lappas*, Athen;
5. eine holländische von *G. A. van Hamel*, Leyden;
6. eine rumänische in der in Bukarest erscheinenden Zeitung Romanulu (24. Juni u. ff.);
7. eine serbische von *Christic*, Belgrad.

Im Jahre 1875 kamen dazu:

8. eine französische von *A. F. Meydieu*, Wien und Paris;
9. eine italienische von *Raffaele Mariano*, Mailand und Neapel;
10. eine dänische von *C. G. Graebe*, Kopenhagen;
11. eine czechische von einem Ungenannten, Brünn;
12. eine polnische von *A. Matakiewicz*, Lemberg;
13. eine croatische von *H. Hinkovic*, zuerst in der Zeitschrift Pravo, dann selbstständig erschienen, Agram.

Im Jahre 1879 sind erschienen:

14. eine schwedische Uebersetzung von *Ivar Afzelius*, Upsala;
15. eine englische von *John J. Lalor* in Chicago, wovon inzwischen eine zweite Auflage veranstaltet sein soll;
16. eine schwedische von *Ivar Afzelius*, Upsala.

Dazu kommen noch:

17. eine spanische Uebersetzung von *Adolfo Poseda y Biasca*, Madrid 1881;
18. eine zweite spanische von *Alfonso de Pando y Gomez*, Madrid 1883;
19. eine zweite englische von *Philip A. Asworth*. London 1883.

In den späteren Ausgaben und so auch in der gegenwärtigen habe ich in stylistischer Beziehung manches geändert und den früheren Anfang der Schrift gänzlich fortgelassen, da er einen Gedanken aussprach, der bei dem knappen Raum, der ihm hier gegönnt war, weder für den Laien recht verständlich, noch für den Juristen sonderlich förderlich war. Ob ich nicht bei der Verbreitung, welche die

Schrift in Laienkreisen gefunden hat, alle diejenigen Partieen hätte auslassen sollen, welche mehr den Juristen als den Laien im Auge haben, wie insbesondere den Schlussabschnitt über das römische Recht und die moderne Theorie desselben (S. 74 u. ff.), weiss ich nicht. Hätte ich die Popularität, welche dieser Schrift beschieden war, ahnen können, so würde ich ihr von vornherein eine andere Gestalt gegeben haben, allein hervorgegangen, wie sie war, aus einem Vortrage vor Juristen, ist sie ihrer ursprünglichen Anlage nach in erster Linie auf letztere berechnet worden, und ich glaubte daran nichts ändern zu sollen, da der Umstand sich der Verbreitung in Laienkreisen nicht hinderlich erwiesen hat.

In der Sache selbst habe ich in allen späteren Auflagen nichts geändert. Die Grundidee meiner Schrift betrachte ich nach wie vor für so zweifellos und unumstösslich, dass ich jedes Wort gegen diejenigen, welche dieselbe bestreiten, für ein verlorenes erachte. Wer nicht fühlt, dass, wenn sein Recht in schnöder Weise missachtet und mit Füssen getreten wird, nicht lediglich der Gegenstand desselben, sondern seine eigene Person auf dem Spiele steht, wer in einer solchen Lage den Drang, sich und sein gutes Recht zu behaupten, nicht empfindet, dem ist eben nicht zu helfen, und ich habe kein Interesse daran, ihn zu bekehren. Es ist ein Typus, den man einfach als Thatsache anerkennen muss, der des *Rechtsphilisters*, wie ich ihn taufen möchte; hausbackener Egoismus und Materialismus sind die Züge, welche ihn kennzeichnen. Er müsste nicht der Sancho Pancha des Rechts sein, wenn er nicht in Jedem, der bei der Behauptung seines Rechts Interessen anderer Art als die des Schnappsackes verfolgt, einen Don Quixote erblickte. Für ihn habe ich kein anderes Wort als das mir erst nach dem Erscheinen der Schrift bekannt gewordene von *Kant*: »wer sich zum Wurm macht, kann nachher nicht klagen, wenn er mit Füssen getreten wird.«[1] An einer andern Stelle (S. 185 das.) nennt *Kant* dies »Wegwerfung seiner Rechte unter die Füsse Anderer, *Verletzung der Pflicht des Menschen gegen sich selbst*«, und aus der »Pflicht in Beziehung auf die Würde der Menschheit in uns« entnimmt er die Maxime: »Lasst Euer Recht nicht ungeahndet von Andern mit Füssen treten.« Es ist derselbe Gedanke, den ich in mei-

---

[1] Kant, Metaphysische Anfangsgründe der Tugendlehre, Aufl. 2. Kreuznach 1800, S. 133.

ner Schrift weiter ausgeführt habe; er ist allen kräftigen Individuen und Völkern in's Herz geschrieben und tausendfältig ausgesprochen. Das einzige Verdienst, welches ich beanspruchen kann, besteht darin, diesen Gedanken genauer begründet und weiter ausgeführt zu haben.

Einen interessanten Beitrag zu meiner Schrift hat geliefert Dr. A. *Schmiedl*, Die Lehre vom Kampf um's Recht im Verhältniss zu dem Judenthum und dem ältesten Christenthum. Wien 1875. Der Ausspruch der jüdischen Rechtslehrer, den er S. 15 anführt:»Ob das Rechtsobject ein Pfennig ist oder hundert Gulden, das sei gleich in Deinen Augen« stimmt mit dem, was ich S. 18 entwickelt habe, völlig überein. Eine dichterische Bearbeitung des Themas hat gegeben *Carl Emil Franzos* in seinem Roman: Der Kampf ums Recht, über den ich mich in der Schrift selber (S. 64) ausgesprochen habe. Der Besprechungen, welche meine Schrift in der Literatur des Inlandes wie des Auslandes gefunden hat, sind so ausserordentlich viele, dass ich von der Namhaftmachung derselben Abstand nehme.

Indem ich nun der Schrift selber es überlasse, den Leser von der Richtigkeit der Auffassung, die sie vertheidigt, zu überzeugen, beschränke ich mich hier darauf, diejenigen, welche sich berufen halten, mich zu widerlegen, um zweierlei zu bitten. Einmal darum, dass sie es nicht in der Weise thun, dass sie meine Ansichten vorher entstellen und verdrehen, mich dem Zank und Streit, der Process- und Rauflust das Wort reden lassen, während ich doch den Kampf um das Recht keineswegs bei jedem Streit, sondern nur da verlange, wo der Angriff auf das Recht zugleich eine Missachtung der Person enthält (S. 22, 23 der Schrift). Die Nachgiebigkeit und Versöhnlichkeit, die Milde und Friedfertigkeit, der Vergleich und der Verzicht auf Geltendmachung des Rechts finden auch in meiner Theorie vollauf den ihnen gebürenden Platz; wogegen sie sich erklärt, ist lediglich die unwürdige Erduldung des Unrechts aus Feigheit, Bequemlichkeit, Indolenz.

Das zweite, was ich begehre, ist dies, dass derjenige, dem es Ernst ist, sich über meine Theorie klar zu werden, den Versuch mache, der positiven Formel des praktischen Verhaltens, die sie entwickelt, seinerseits eine andere *positive Formel* gegenüberzustellen; er wird dann bald inne werden, wohin er gelangt. Was soll der Berechtigte thun, wenn sein Recht mit Füssen getreten wird? Wer darauf eine von der meinigen abweichende haltbare, d. h. mit dem Bestehen der Rechtsordnung und der Idee der Persönlichkeit verträgliche Antwort ertheilen kann, hat mich geschlagen; wer das nicht vermag, hat nur die Wahl, entweder sich zu mir zu bekennen oder sich mit jener Halbheit zu begnügen, die das Kennzeichen aller unklaren Geister bildet, bei der man es nur zum Missfallen und zur Negation, nicht aber zur eigenen Ansicht bringt. Bei rein wissenschaftlichen Fragen mag man sich bescheiden, einfach den Irrthum zu widerlegen, auch wenn man nicht im Stande ist, die positive Wahrheit dafür an die Stelle zu setzen, aber bei praktischen Fragen, wo feststeht, dass gehandelt werden *muss*, und wo es nur darauf ankommt, *wie* gehandelt werden soll, reicht es nicht aus, die von einem Andern gegebene positive Anweisung als unrichtig abzulehnen, sondern man muss sie durch eine andere ersetzen. Ich warte ab, ob dies in Bezug auf die von mir gegebene geschehen wird.

Nur über einen Nebenpunkt, der mit meiner Theorie als solcher gar nichts zu schaffen hat, verstatte man mir zum Schluss einige Worte, da er selbst von solchen beanstandet wird, mit denen ich mich im übrigen in Einklang befinde. Es ist meine Behauptung über das dem Shylok zugefügte Unrecht. (S. 58.)

Nicht *das* hatte ich behauptet, dass der Richter den Schein des Shylok hätte für gültig anerkennen sollen, sondern dass, wenn er es einmal gethan, er ihn *hinterher* bei der Verwirklichung des Richterspruchs nicht durch schnöde List wieder vereiteln durfte. Der Richter hatte die Wahl, den Schein für gültig oder für ungültig zu erklären. Er that ersteres, und Shakespeare stellt die Sache so dar, als ob diese Entscheidung dem Recht nach die einzig mögliche gewesen sei. Niemand in Venedig zweifelte an der Gültigkeit des Scheines; die Freunde des Antonio, Antonio selber, der Doge, das Gericht, alles war einverstanden, dass der Jude in seinem Recht sei.[2] Und in

---

[2] Akt III, Sc. 3. Antonio: Der Doge kann des Rechtes Lauf nicht hemmen. Denn u. s. w. Akt IV, Sc. 1. Doge: Es thut mir Leid um Dich. Antonio: – – weil kein gesetzlich Mittel seinem Hass mich kann entziehen. Portia: – – dass das Gesetz Venedigs Euch nicht anfechten kann. Es darf nicht sein. Kein Ansehn in Venedig vermag ein gültiges Gesetz zu ändern. – Des Gesetzes Inhalt und Bescheid hat volle Uebereinkunft mit der Busse, die hier im Schein als schuldig wird erkannt.

diesem sichern Vertrauen auf sein allgemein anerkanntes Recht ruft Shylok die Hülfe des Gerichtes an, und der »weise Daniel«, nachdem er vorher vergebens den Versuch gemacht hat, den nach Rache lechzenden Gläubiger zum Verzicht auf sein Recht zu bestimmen, erkennt letzteres an. Und jetzt, nachdem der Richterspruch gefällt ist, nachdem jeder Zweifel über das Recht des Juden durch den Richter selbst beseitigt ist, kein Widerspruch gegen dasselbe mehr laut zu werden wagt, nachdem die ganze Versammlung, den Dogen mit inbegriffen, sich dem unabwendbaren Spruch des Rechts gefügt hat – jetzt, als der Sieger, seiner Sache vollkommen sicher, vornehmen will, wozu ihn das Urtheil ermächtigt, vereitelt ihm derselbe Richter, der sein Recht feierlich anerkannt hat, dasselbe durch einen Einwand, einen Kniff so elender und nichtiger Art, dass er gar keiner ernstlichen Widerlegung werth ist. Gibt es Fleisch ohne Blut? Der Richter, welcher dem Shylok das Recht zusprach, ein Pfund Fleisch aus dem Leibe des Antonio auszuschneiden, erkannte ihm damit auch das Blut zu, ohne welches das Fleisch nicht sein kann, und wer das Recht hat, ein Pfund zu schneiden, kann, wenn er will, auch weniger nehmen. Beides wird dem Juden versagt, er soll nur Fleisch nehmen ohne Blut und nur ein genaues Pfund ausschneiden, nicht mehr und nicht weniger. Habe ich zuviel gesagt, dass der Jude hier um sein Recht betrogen wird? Allerdings geschieht es im Interesse der Menschlichkeit, aber hört Unrecht, begangen im Interesse der Menschlichkeit, auf Unrecht zu sein? Und wenn einmal der Zweck das Mittel heiligen soll, warum nicht im, warum erst nach dem Richterspruch?

– Ein Pfund von dieses Kaufmanns Fleisch ist dein. Der Hof erkennt es, und das Recht ertheilt es. – Also der Rechtssatz, dem zufolge der Schein volle Gültigkeit hat, das jus in thesi, ist nicht bloss durch allgemeine Zustimmung als völlig zweifellos anerkannt, sondern das Urtheil, das jus in hypothesi, ist bereits gesprochen, um dann – der Jurist würde sagen: in der Executionsinstanz – vom Richter selber durch schnöde Tücke vereitelt zu werden. Ebenso gut könnte ein Richter den Schuldner zur Zahlung verurtheilen und in der Executionsinstanz dem Gläubiger aufgeben, dass er das Geld mit den Händen aus einem Glühofen herausholen, oder wenn der Schuldner ein Dachdecker wäre, auf der Thurmspitze, wenn er ein Taucher wäre, auf dem Meeresgrund in Empfang nehmen müsse, da über den Ort der Zahlung im Schuldschein nichts ausgemacht sei!

Dem Widerspruch gegen die hier und in der Schrift selber vertheidigte Ansicht, der schon seit dem ersten Erscheinen derselben mehrfältig laut geworden ist, haben seit dem Erscheinen der sechsten Auflage (1880) zwei Juristen in eigenen kleinen Schriften Worte geliehen. Die eine ist die von *A. Pietscher*, Landesgerichtspräsident: Jurist und Dichter, Versuch einer Studie über Ihering's Kampf um's Recht und Shakespeare's Kaufmann von Venedig. Dessau 1881. Ich gebe den Kern der Ansicht des Verfassers mit seinen eigenen Worten (S. 23) wieder: »Besiegung der List durch grössere List, der Schelm wird in seiner eigenen Schlinge gefangen.« Mit dem ersten Glied dieses Satzes gibt er nur meine eigene Ansicht wieder; ich hatte nichts anderes behauptet, als dass Shylok durch List um sein Recht betrogen werde, aber darf und soll das Recht zu einem solchen Mittel seine Zuflucht nehmen? Darauf ist der Verfasser die Antwort schuldig geblieben, und ich bezweifle, dass er als Richter dieselbe zur Anwendung bringen würde. Was den zweiten Theil des Satzes anbetrifft, so frage ich: wenn einmal das Gesetz Venedigs einen solchen Schein für gültig erklärte, ist der Jude darum ein Schelm, weil er es anruft, und wenn darin eine Schlinge zu erblicken, fällt die Verantwortlichkeit auf ihn oder auf das Gesetz? Mit einer solchen Deduction wird meine Ansicht nicht widerlegt, sondern bekräftigt. Einen andern Weg schlägt die zweite Schrift ein, sie ist von *Jos. Kohler*, Professor in Würzburg: Shakespeare vor dem Forum der Jurisprudenz. Würzburg 1883. Ihm zufolge enthält die Gerichtsscene im Kaufmann von Venedig »die Quintessenz vom Wesen und Werden des Rechts in ihrem Schoosse und enthält eine tiefere Jurisprudenz als zehn Pandektenlehrbücher und eröffnet uns einen tieferen Blick in die Geschichte des Rechts als alle rechtshistorischen Werke von Savigny bis auf Ihering« (S. 6). Hoffen wir, dass von diesem phänomenalen Verdienst Shakespeares um die Jurisprudenz ein Theil auf den Columbus entfällt, der diese neue Welt des Rechts, von deren Dasein die ganze Jurisprudenz bisher keine Kunde hatte, zuerst entdeckt hat – nach den Regeln vom Finden des Schatzes würde ihm die Hälfte gebüren, ein Lohn, mit dem er bei dem unermesslichen Werth, den er demselben zuschreibt, schon zufrieden sein könnte. Ich muss es dem Leser überlassen, sich über »die Fülle von juristischen Ideen, die Shakespeare über das Stück ergossen hat« (S. 92), aus der Schrift selber zu belehren, wenn ich auch nicht gerade die Verantwortlichkeit übernehmen möchte, die rechtsbeflissene Jugend bei der Portia in die Schule zu schicken, bei der das neue Evangelium des Rechts zu holen ist. Aber im übrigen die Portia in allen Ehren! Ihr Spruch »ist der Sieg des geläuterten Rechtsbewusstseins über die finstere Nacht, welche auf dem bisherigen Rechtszustande lastete, es ist der Sieg, der sich hinter Scheingründen versteckt, der die Larve falscher Motivirung annimmt, weil sie nothwendig ist; aber es ist ein Sieg, ein grosser, ein gewaltiger Sieg: ein Sieg nicht etwa bloss in dem einzelnen Process, ein Sieg in der Rechtsgeschichte überhaupt, es ist die Sonne des Fortschrittes, die wieder einmal ihre erwärmenden Strahlen in die Gerichtsstätte geworfen hat, und das Reich Sarastros triumphirt über die Mächte der Nacht.« Der Portia und dem Sarastro, an deren Namen der Beginn der neuen durch unsern Verfasser inaugurirten Jurisprudenz sich knüpft, haben wir noch den Dogen hinzuzufügen, der, bis dahin noch in den Banden der »bisherigen Jurisprudenz« befangen und »den Mächten der Nacht« verfallen, durch das erlösende Wort der Portia befreit wird und zur Erkenntniss der »weltgeschichtlichen« Mission gelangt, die auch ihm beschieden ist. Er macht sein früheres Versäumniss gründlich wieder gut. Zuerst, indem er den Shylok des Tödtungsversuches für schuldig erklärt.»Wenn darin auch eine Ungerechtigkeit vorliegt, so ist doch eine solche Ungerechtigkeit welthistorisch vollkommen begründet, sie ist eine welthistorische Notwendigkeit, und in der Aufnahme dieses Elements hat Shakespeare als Rechtshistoriker sich selber übertroffen. – – Dass Shylok nicht nur abgewiesen, sondern auch bestraft wird, ist nöthig, um den Sieg zu krönen, mit dem die neue Rechtsidee verklärend eintritt« (S. 95). Sodann indem er den Juden verurtheilt, Christ zu werden. Auch »diese Forderung enthält eine universalhistorische Wahrheit. Die Forderung ist für unser Gefühl verwerflich und der Freiheit des Bekenntnisses widersprechend, allein sie entspricht dem Gange der Weltgeschichte, welche Tausende nicht mit dem milden Wort der Bekehrung, sondern mit dem Winke des Henkers in das Lager eines Bekenntnisses getrieben hat« (S. 96). Das sind die »erwärmenden Strahlen, welche die Sonne des Fortschritts in die Gerichtsstätte wirft« – die Juden und Ketzer haben ihre erwärmende Kraft einst auf den Scheiterhaufen des Torquemada kennen lernen! So triumphirt das Reich des Sarastro über die Mächte der Nacht. Eine Portia, welche als weiser Daniel das bisherige Recht über den Haufen stürzt, ein Doge, welcher ihren Spuren folgt, ein für die »tiefere Jurisprudenz und die Quintessenz vom Wesen und Werden des Rechts« empfänglicher Jurist, welcher mit der Formel »welthistorisch« ihre Sprüche rechtfertigt – und alles ist gemacht! Das ist das »Forum der Jurisprudenz«, vor das der Verfasser mich geladen hat. Er muss es sich schon gefallen lassen, wenn ich ihm dahin nicht folge, es steckt noch zu viel von der alten Jurisprudenz aus den »Pandektenlehrbüchern« in mir, um die neue Aera der Jurisprudenz, die er uns erschliesst, mitmachen zu können, und ich werde mich auch auf dem Gebiet der Rechtsgeschichte in der Verfolgung meines bisherigen Weges durch die niederschmetternde Erfahrung nicht irre machen lassen, dass ich, wenn ich nur mit dem Scharfblick jenes Schriftstellers ausgerüstet gewesen wäre, dem Kaufmann von Venedig tiefere Blicke in das Werden des Rechts hätte entnehmen können, als allen Quellen des positiven Rechts und der ganzen rechtsgeschichtlichen Literatur unseres Jahrhunderts von Savigny bis auf die Gegenwart.

Eine Besprechung der in Chicago erschienenen englischen Uebersetzung meiner Schrift in dem amerikanischen Journal: *Albany Law Journal* vom 27. Dec. 1879 hat mich von der Thatsache in Kenntniss gesetzt, dass dieselbe Ansicht, die ich über das Urtheil der Portia in meiner Schrift verfochten habe, bereits vor mir in einem früheren Jahrgange dieser Zeitschrift von einem Mitarbeiter derselben ausgesprochen worden ist, und der Verfasser des Artikels weiss sich diese Uebereinstimmung nicht anders zu erklären, als durch Annahme eines Plagiats meinerseits (»gestohlen« drückt er sich in nicht eben verbindlicher Weise aus). Ich habe dem deutschen Publikum diese interessante Entdeckung nicht vorenthalten wollen, es ist das Aeusserste, was wohl je im Punkt der Plagiate geleistet worden ist, denn ich hatte zur Zeit, als ich das meinige verübte, die Zeitschrift weder gesehen, noch einmal von ihrer Existenz Kunde gehabt. Vielleicht erfahre ich später noch einmal, dass auch meine Schrift nicht von mir selber verfasst, sondern von mir aus der in Amerika erschienenen englischen Uebersetzung in's Deutsche übertragen worden ist. Die Redaction des *Albany Journal* hat übrigens auf eine Entgegnung meinerseits das Ganze in einer späteren Nummer (Nr. 9 am 28. Februar 1880) für einen Scherz erklärt – wunderliche Scherze, an denen man jenseits des Oceans sein Vergnügen findet.

Göttingen, 3. October 1883.

Dr. Rudolf von Ihering.

Das Ziel des Rechts ist der Friede, das Mittel dazu der Kampf. So lange das Recht sich auf den Angriff von Seiten des Unrechts gefasst halten muss – und dies wird dauern, so lange die Welt steht – wird ihm der Kampf nicht erspart bleiben. Das Leben des Rechts ist Kampf, ein Kampf der Völker – der Staatsgewalt – der Stände – der Individuen.

Alles Recht in der Welt ist erstritten worden, jeder wichtige Rechtssatz hat erst denen, die sich ihm widersetzten, abgerungen werden müssen, und jedes Recht, sowohl das Recht eines Volkes wie das eines Einzelnen, setzt die stetige Bereitschaft zu seiner Behauptung voraus. Das Recht ist nicht blosser Gedanke, sondern lebendige Kraft. Darum führt die Gerechtigkeit, die in der einen Hand die Wagschale hält, mit der sie das Recht abwägt, in der andern das Schwert, mit dem sie es behauptet. Das Schwert ohne die Wage ist die nackte Gewalt, die Wage ohne das Schwert die Ohnmacht des Rechts. Beide gehören zusammen, und ein vollkommener Rechtszustand herrscht nur da, wo die Kraft, mit der die Gerechtigkeit das Schwert führt, der Geschicklichkeit gleichkommt, mit der sie die Wage handhabt.

Recht ist unausgesetzte Arbeit und zwar nicht etwa bloss der Staatsgewalt, sondern des ganzen Volkes. Das gesammte Leben des Rechts, mit einem Blicke überschaut, vergegenwärtigt uns dasselbe Schauspiel rastlosen Ringens und Arbeitens einer ganzen Nation, das ihre Thätigkeit auf dem Gebiete der ökonomischen und geistigen Produktion gewährt. Jeder Einzelne, der in die Lage kommt, sein Recht behaupten zu müssen, übernimmt an dieser nationalen Arbeit seinen Antheil, trägt sein Scherflein bei zur Verwirklichung der Rechtsidee auf Erden.

Freilich nicht an Alle tritt diese Anforderung gleichmässig heran. Unangefochten und ohne Anstoss verläuft das Leben von Tausenden von Individuen in den geregelten Bahnen des Rechts, und würden wir ihnen sagen: Das Recht ist Kampf – sie würden uns nicht verstehen, denn sie kennen dasselbe nur als Zustand des Friedens und der Ordnung. Und vom Standpunkt ihrer eigenen Erfahrung haben sie vollkommen Recht, ganz so wie der reiche Erbe, dem mühelos die Frucht fremder Arbeit in den Schoos gefallen ist, wenn er den Satz: Eigenthum ist Arbeit, in Abrede stellt. Die Täuschung Beider hat ihren Grund darin, dass die zwei Seiten, welche sowohl das Eigenthum wie das Recht in sich schliessen, subjectiv in der Weise auseinanderfallen können, dass dem Einen der Genuss und der Friede, dem Andern die Arbeit und der Kampf zu Theil wird.

Das Eigenthum wie das Recht ist eben ein Januskopf mit einem Doppelantlitz; Einigen kehrt er bloss die eine Seite, Andern bloss die andere Seite zu, daher die völlige Verschiedenheit des Bildes, das beide von ihm empfangen. In Bezug auf das Recht gilt dies wie von einzelnen Individuen, so auch von ganzen Zeitaltern. Das Leben des einen ist Krieg, das Leben des andern Friede, und die Völker sind durch diese Verschiedenheit der subjectiven Vertheilung beider ganz derselben Täuschung ausgesetzt, wie die Individuen. Eine lange Periode des Friedens – und der Glaube an den ewigen Frieden steht in üppigster Blüthe, bis der erste Kanonenschuss den schönen Traum verscheucht, und an die Stelle eines Geschlechts, das mühelos den Frieden genossen hat, ein anderes tritt, welches sich ihn durch die harte Arbeit des Krieges erst wieder verdienen muss. So vertheilt sich beim Eigenthum wie beim Recht Arbeit und Genuss, aber für den Einen, der geniesst und im Frieden dahinlebt, hat ein Anderer arbeiten und kämpfen müssen. Der Frieden ohne Kampf, der Genuss ohne Arbeit gehören der Zeit des Paradieses an, die Geschichte kennt beide nur als Resultate unablässiger, mühseliger Anstrengung.

Diesen Gedanken, dass der Kampf die Arbeit des Rechts ist und in Bezug auf seine praktische Nothwendigkeit sowohl wie seine ethische Würdigung auf dieselbe Linie mit der Arbeit beim Eigenthum zu stellen ist, gedenke ich im Folgenden weiter auszuführen. Ich glaube damit kein überflüssiges Werk zu thun, im Gegentheil eine Unterlassungssünde gut zu machen, die sich unsere Theorie (ich meine nicht bloss die Rechtsphilosophie, sondern auch die positive Jurisprudenz) hat zu Schulden kommen lassen. Man merkt es unserer Theorie nur zu deutlich an, dass sie sich mehr mit der Wage als mit dem Schwert der Gerechtigkeit zu beschäftigen hat; die Einseitigkeit des rein wissenschaftlichen Standpunktes, von dem aus sie das Recht betrachtet, und der sich kurz dahin zusammenfassen lässt, dass er ihr das Recht weniger von seiner realistischen Seite als Machtbegriff, als vielmehr von seiner logischen Seite als System abstracter Rechtssätze vor Augen führt, hat meines Erachtens ihre ganze Auffassung vom Recht in einer Weise beeinflusst, wie sie zu der rauhen Wirklichkeit des Rechts gar wenig stimmt – ein Vorwurf, für den der Verlauf meiner Darstellung es an Belegen nicht fehlen lassen wird.

Der Ausdruck Recht wird bekanntlich in doppeltem Sinn gebraucht, in *objectivem* und in *subjectivem*. Recht im objectiven Sinn ist der Inbegriff der durch den Staat gehandhabten Rechtsgrundsätze, die gesetzliche Ordnung des Lebens, Recht im subjectiven Sinn die concrete Zuspitzung der abstracten Regel zu einer concreten Berechtigung der Person. In beiden Richtungen begegnet das Recht dem Widerstand, in beiden Richtungen hat es ihn zu bewältigen, d. h. sein Dasein im Wege des Kampfes zu erstreiten oder zu behaupten. Als eigentlichen Gegenstand meiner Betrachtung habe ich mir den Kampf in der zweiten Richtung ausersehen, aber ich darf nicht unterlassen, meine Behauptung, dass der Kampf im Wesen des Rechts liegt, auch in der ersteren Richtung als richtig zu erweisen.

Unbestritten und darum einer weiteren Ausführung nicht bedürftig ist dies in Bezug auf die *Verwirklichung* des Rechts von Seiten des Staats; die Aufrechthaltung der Rechtsordnung von seiner Seite ist nichts als ein unausgesetzter Kampf gegen die Gesetzlosigkeit, welche sie antastet. Aber anders verhält es sich in Bezug auf die *Entstehung* des Rechts, nicht bloss die uranfängliche bei Beginn der Geschichte, sondern die täglich unter unsern Augen sich wiederholende Verjüngung des Rechts, die Aufhebung bestehender Institute, die Beseitigung vorhandener Rechtssätze durch neue, kurz in Bezug auf den Fortschritt im Recht. Denn hier steht der Ansicht von mir, welche auch das Werden des Rechts demselben Gesetz unterstellt, dem sein ganzes Dasein unterliegt, eine andere gegenüber, die sich wenigstens in unserer romanistischen Wissenschaft zur Zeit noch der allgemeinen Anerkennung erfreut, und die ich kurz nach dem Namen ihrer beiden Hauptvertreter als die Savigny-Puchta'sche Theorie von der Entstehung des Rechts bezeichnen kann. Ihr zufolge geht die Bildung des Rechts ebenso unvermerkt und schmerzlos vor sich wie die der Sprache, es bedarf keines Ringens, Kämpfens, ja nicht einmal des Suchens, sondern es ist die still wirkende Kraft der Wahrheit, welche ohne gewaltsame Anstrengung langsam, aber sicher sich Bahn bricht, die Macht der Ueberzeugung, der sich allmählig die Gemüther erschliessen, und der sie durch ihr Handeln Ausdruck geben – ein neuer Rechtssatz tritt eben so mühelos in's Dasein wie irgend eine Regel der Sprache. Der Satz des altrömischen Rechts, dass der Gläubiger den zahlungsunfähigen Schuldner als Sklaven in auswärtige Knechtschaft verkaufen, oder dass der Eigenthümer seine Sache Jedem abstreiten konnte, bei dem er sie traf, würde sich dieser Ansicht zufolge im alten Rom in kaum anderer Weise gebildet haben, als die Regel, dass *cum* den Ablativ regiert.

Das ist die Anschauung von der Entstehung des Rechts, mit der ich selber seiner Zeit die Universität verlassen, und unter deren Einfluss ich noch viele Jahre hindurch gestanden habe. Hat dieselbe auf Wahrheit Anspruch? Es muss zugegeben werden, dass auch das Recht ganz wie die Sprache eine unabsichtliche und unbewusste, nennen wir sie mit dem hergebrachten Ausdruck: organische Entwicklung von Innen heraus kennt. Ihr gehören alle diejenigen Rechtssätze an, welche sich aus der gleichmässigen autonomischen Abschliessung der Rechtsgeschäfte im Verkehr nach und nach ablagern, sowie alle diejenigen Abstractionen, Consequenzen, Regeln, welche die Wissenschaft aus dem vorhandenen Rechte auf analytischem Wege erschliesst und zum Bewusstsein bringt. Aber die Macht dieser beiden Factoren: des Verkehrs wie der Wissenschaft, ist eine beschränkte, sie kann innerhalb der vorhandenen Bahnen die Bewegung reguliren, fördern, aber sie kann die Dämme nicht einreissen, die dem Strome wehren, eine neue Richtung einzuschlagen. Das kann nur das Gesetz, d. h. die absichtliche, auf dieses Ziel gerichtete That der Staatsgewalt, und es ist daher nicht Zufall, sondern eine im Wesen des Rechts tief begründete Notwendigkeit, dass alle eingreifenden Reformen des Processes und materiellen Rechts auf Gesetze zurückweisen. Nun kann zwar eine Aenderung, welche das Gesetz an dem bestehenden Rechte trifft, ihren Einfluss möglicherweise ganz auf letzteres, auf die Sphäre des Abstracten beschränken, ohne ihre Wirkungen bis in die Region der concreten Verhältnisse hinab zu erstrecken, die sich auf Grund des bisherigen Rechts gebildet haben, – eine blosse Aenderung der Rechtsmaschinerie, bei der eine untaugliche Schraube oder Walze durch eine vollkommnere ersetzt wird. Sehr häufig liegen die Dinge aber so, dass die Aenderung sich nur um den Preis eines höchst empfindlichen Eingriffes in vorhandene Rechte und Privatinteressen erreichen lässt. Mit dem bestehenden Recht haben sich im Laufe der Zeit die Interessen von Tausenden von Individuen und von ganzen Ständen in einer Weise verbunden, dass dasselbe sich nicht beseitigen lässt, ohne letztere in empfindlichster Weise zu verletzen – den Rechtssatz oder die Einrichtung in Frage stellen, heisst allen diesen Interessen den Krieg erklären, einen Polypen losreissen, der sich mit tausend Armen festgeklammert hat. Jeder derartige Versuch ruft daher in naturgemässer Bethätigung des Selbsterhaltungstriebes den heftigsten Widerstand der bedrohten Interessen hervor, und damit einen Kampf, bei dem wie bei jedem Kampfe nicht das Gewicht der Gründe, sondern das Machtverhältniss der sich gegenüberstehenden Kräfte den Ausschlag gibt und damit nicht selten dasselbe Resultat hervorruft wie beim Parallelogramm der Kräfte: eine Ablenkung von der ursprünglichen Linie in die Diagonale. Nur so wird es erklärlich, dass Einrichtungen, über welche das öffentliche Urtheil längst den Stab gebrochen hat, oft noch lange ihr Leben zu fristen vermögen; es ist nicht die vis inertiae, welche es ihnen erhält, sondern die Widerstandskraft der an ihrem Bestande betheiligten Interessen.

In allen solchen Fällen nun, wo das bestehende Recht diesen Rückhalt am Interesse findet, gilt es einen Kampf, den das Neue zu bestehen hat, um sich den Eingang zu erzwingen, ein Kampf, der sich oft über ein ganzes Jahrhundert hinzieht. Den höchsten Grad der Intensität erreicht derselbe dann, wenn die Interessen die Gestalt erworbener Rechte angenommen haben. Hier stehen sich zwei Parteien gegenüber, von denen jede die Heiligkeit des Rechts als Devise in ihrem Panier führt, die eine die des historischen Rechts, des Rechts der Vergangenheit, die andere die des ewig werdenden und sich verjüngenden Rechts, des Urrechts der Menschheit auf stets neues Werden – ein Conflictsfall der Rechtsidee mit sich selber, der in Bezug auf die Subjecte, die ihre ganze Kraft und ihr ganzes Sein für ihre Ueberzeugung eingesetzt haben und schliesslich dem Gottesurtheil der Geschichte erliegen, den Charakter des Tragischen an sich trägt. Alle grossen Errungenschaften, welche die Geschichte des Rechts zu verzeichnen hat: die Aufhebung der Sklaverei, der Leibeigenschaft, die Freiheit des Grundeigenthums, der Gewerbe, des Glaubens u. a. m., sie alle haben erst auf diesem Wege des heftigsten, oft Jahrhunderte lang fortgesetzten Kampfes erstritten werden müssen, und nicht selten bezeichnen Ströme von Blut, überall aber zertretene Rechte den Weg, den das Recht dabei gewandelt ist. Denn »das Recht ist der Saturn, der seine eigenen Kinder verspeist«;[3] das Recht kann sich nur dadurch verjüngen, dass es mit seiner eigenen Vergangenheit aufräumt. Ein concretes Recht, das, weil es einmal entstanden, unbegränzte, also ewige Fortdauer beansprucht, ist das Kind, das seinen Arm gegen die eigene Mutter erhebt; es verhöhnt die Idee des Rechts, indem es sie anruft, denn die Idee des Rechts ist ewiges Werden, das Gewordene aber muss dem neuen Werden weichen, denn

— — Alles, was entsteht,
Ist werth, dass es zu Grunde geht.

So vergegenwärtigt uns also das Recht in seiner historischen Bewegung das Bild des Suchens, Ringens, Kämpfens, kurz der mühseligen Anstrengung. Dem menschlichen Geiste, der unbewusst an der Sprache seine Bildnerarbeit verrichtet, stellt sich kein gewaltsamer Widerstand entgegen, und die Kunst hat keinen andern Gegner zu überwinden als ihre eigene Vergangenheit: den herrschenden Geschmack. Aber das Recht als Zweckbegriff, mitten hineingestellt in das chaotische Getriebe menschlicher Zwecke, Bestrebungen, Interessen, muss unausgesetzt tasten, suchen, um den richtigen Weg zu finden, und, wenn es ihn entdeckt hat, den Widerstand zu Boden werfen, der ihm denselben versperrt. So zweifellos es ist, dass auch diese Entwicklung ganz so wie die der Kunst und Sprache eine gesetzmässige, einheitliche ist, so sehr weicht sie doch eben in der Art und Form, wie sie vor sich geht, von der letzteren ab, und wir müssen daher in *diesem* Sinn die von Savigny aufgebrachte und so rasch zur allgemeinen Geltung gelangte Parallele zwischen dem Recht auf der einen und der Sprache und Kunst auf der andern Seite entschieden zurückweisen. Als theoretische Ansicht falsch, aber ungefährlich, enthält sie als politische Maxime eine der verhängnissvollsten Irrlehren, die sich denken lassen, denn sie vertröstet den Menschen auf einem Gebiete, wo er *handeln* soll, und mit

---

[3] Ein Citat aus meinem »Geist des römischen Rechts« II, 1, §. 28 (Aufl. 4, S. 70).

vollem, klarem Bewusstsein des Zweckes und mit Aufbietung aller seiner Kräfte handeln soll, darauf, dass die Dinge sich von selber machen, dass er am besten thue, die Hände in den Schooss zu legen und vertrauensselig abzuwarten, was aus dem angeblichen Urquell des Rechts: der nationalen Rechtsüberzeugung nach und nach an's Tageslicht trete. Daher die Abneigung Savigny's und aller seiner Jünger gegen das Einschreiten der Gesetzgebung,[4] daher das gänzliche Verkennen der wahren Bedeutung der Gewohnheit in der Puchta'schen Theorie des Gewohnheitsrechts. Die Gewohnheit ist für Puchta nichts als ein blosses Erkenntnissmittel der rechtlichen Ueberzeugung; dass diese Ueberzeugung sich selbst erst bildet, indem sie *handelt,* dass sie erst durch dies *Handeln* ihre Kraft und damit ihren Beruf bewährt, das Leben zu beherrschen – kurz dass auch für das Gewohnheitsrecht der Satz gilt: das Recht ist ein Machtbegriff – dafür war das Auge dieses hervorragenden Geistes völlig verschlossen. Er zahlte damit nur der Zeit seinen Tribut. Denn die Zeit war die der romantischen Periode in unserer Poesie, und wer nicht zurückschrickt vor der Uebertragung des Begriffs des Romantischen auf die Jurisprudenz und sich die Mühe nehmen will, die entsprechenden Richtungen auf beiden Gebieten mit einander zu vergleichen, wird mir nicht Unrecht geben, wenn ich behaupte, dass die historische Schule eben so gut die *romantische* genannt werden könnte. Es ist eine wahrhaft romantische, d. h. auf einer falschen Idealisirung vergangener Zustände beruhende Vorstellung, dass das Recht sich schmerzlos, mühelos, thatenlos bilde gleich der Pflanze des Feldes; die rauhe Wirklichkeit lehrt uns das Gegentheil, und nicht bloss das kleine Stück derselben, das wir selber vor Augen haben, und das uns fast überall das Bild des gewaltsamen Ringens der heutigen Völker vorführt, sondern der Eindruck bleibt derselbe, wohin wir unsere Blicke in die Vergangenheit auch zurückschweifen lassen. So erübrigt für die Savigny'sche Theorie lediglich die vorgeschichtliche Zeit, über die uns alle Nachrichten fehlen. Aber wenn es einmal verstattet sein soll, über sie Vermuthungen zu äussern, so setze ich der Savigny'schen, welche sie zum Schauplatz jener harmlosen, friedlichen Bildung des Rechts aus dem Innern der Volksüberzeugung heraus gestempelt hat, die

---

[4] Bis zur Carricatur getrieben von Stahl, in der in meinem »Geist des r. R.« II, §. 25, Anm. 14, mitgetheilten Stelle aus einer seiner Kammerreden.

meinige, ihr diametral entgegengesetzte gegenüber, und man wird mir zugestehen müssen, dass sie wenigstens die Analogie der sichtbaren historischen Entwicklung des Rechts für sich hat, und wie ich meinerseits glaube, auch den Vorzug grösserer psychologischer Wahrscheinlichkeit. Die Urzeit! Es war einmal Mode, sie auszustatten mit allen schönen Eigenschaften: Wahrheit, Offenheit, Treue, kindlichem Sinn, frommem Glauben, und auf solchem Boden würde sicherlich auch ein Recht haben gedeihen können ohne eine weitere Triebkraft als die Macht der rechtlichen Ueberzeugung; der Faust und des Schwertes hätte es nicht bedurft. Aber heutzutage weiss Jeder, dass die fromme Urzeit die gerade entgegengesetzten Züge der Rohheit, Grausamkeit, Unmenschlichkeit, Verschlagenheit und Tücke an sich trug, und die Unterstellung, dass sie auf leichtere Weise zu ihrem Recht gekommen sei als alle späteren Zeitalter, dürfte schwerlich noch auf Glauben rechnen können. Ich meinerseits bin der Ueberzeugung, dass die Arbeit, die sie daran hat setzen müssen, eine noch viel härtete gewesen ist, und dass selbst die einfachsten Rechtssätze, wie z. B. die oben genannten aus dem ältesten römischen Recht über die Befugniss des Eigenthümers, seine Sache jedem Besitzer abzustreiten, und des Gläubigers, den zahlungsunfähigen Schuldner in auswärtige Knechtschaft zu verkaufen, erst in hartem Kampf haben erstritten werden müssen, bevor sie zur unbestrittenen allgemeinen Anerkennung gelangten. Doch wie dem auch sei, wir sehen von der Urzeit ab; die Auskunft, welche die urkundliche Geschichte uns über die Entstehung des Rechts ertheilt, kann uns genügen. Diese Auskunft aber lautet: die Geburt des Rechts ist wie die des Menschen regelmässig begleitet gewesen von heftigen Geburtswehen.

Und dass sie es ist, sollen wir es beklagen? Gerade der Umstand, dass das Recht den Völkern nicht mühelos zufällt, dass sie um dasselbe haben ringen und streiten, kämpfen und bluten müssen, gerade dieser Umstand knüpft zwischen ihnen und ihrem Recht dasselbe innige Band wie der Einsatz des eigenen Lebens bei der Geburt zwischen der Mutter und dem Kinde. Ein mühelos gewonnenes Recht steht auf Einer Linie mit den Kindern, die der Storch bringt; was der Storch gebracht hat, kann der Fuchs oder der Geier wieder holen. Aber die Mutter, die das Kind geboren hat, lässt es sich nicht rauben, und eben so wenig ein Volk die Rechte und Einrichtungen, die es in blutiger Arbeit hat erstreiten müssen. Man darf geradezu behaupten: die Energie der Liebe, mit der ein Volk seinem Recht anhängt und es behauptet, bestimmt sich nach dem Einsatz an Mühe und Anstrengung, die es gekostet hat. Nicht die blosse Gewohnheit, sondern das Opfer ist es, welches das festeste der Bande zwischen dem Volke und seinem Rechte schmiedet, und welchem Volke Gott wohl will, dem *schenkt* er nicht, was es nöthig hat, noch *erleichtert* er ihm die Arbeit, es zu gewinnen, sondern dem *erschwert* er dieselbe. In diesem Sinne nehme ich keinen Anstand zu sagen: der Kampf, den das Recht erfordert, um geboren zu werden, ist nicht ein *Fluch*, sondern ein *Segen*.

Ich wende mich dem Kampf um das *subjective* oder *concrete* Recht zu. Er wird hervorgerufen durch die Verletzung oder Vorenthaltung desselben. Da kein Recht, weder das der Individuen noch das der Völker, gegen diese Gefahr geschützt ist, denn dem Interesse des Berechtigten an seiner Behauptung steht stets das eines Andern an seiner Beseitigung entgegen, so ergibt sich daraus, dass dieser Kampf sich in allen Sphären des Rechts wiederholt: in den Niederungen des Privatrechts so gut wie auf den Höhen des Staatsrechts und Völkerrechts. Die völkerrechtliche Behauptung des verletzten Rechts in Form des Krieges, – der Widerstand eines Volks in Form des Aufstandes, der Empörung, der Revolution gegen Willküracte, Verfassungsverletzungen von Seiten der Staatsgewalt, – die turbulente Verwirklichung des Privatrechts in Form des sog. Lynchgesetzes, des Faust- und Fehderechtes des Mittelalters und dessen letzte Ueberbleibsel in der heutigen Zeit: das Duell, – die Selbstvertheidigung in Form der Nothwehr, – und endlich die geregelte Art seiner Geltendmachung in Form des Civilprocesses – sie alle sind trotz aller Verschiedenheit des Streitobjectes und des Einsatzes, der Formen und der Dimensionen des Kampfes nichts als Formen und Scenen eines und desselben Kampfes um's Recht. Wenn ich von allen diesen Formen die nüchternste herausgreife: den legalen Kampf um's Privatrecht in Form des Processes, so geschieht es nicht darum, weil er mir als Juristen am nächsten liegt, sondern weil bei ihm das wahre Sachverhältniss am meisten der Gefahr einer Verkennung ausgesetzt ist, gleichmässig sowohl von Seiten der Juristen, wie der Laien. In allen übrigen Fällen tritt dasselbe offen und mit voller Klarheit hervor. Dass es sich bei ihnen um Güter handelt, welche den höchsten Einsatz lohnen, begreift auch der blödeste Verstand, und Niemand wird hier die Frage erheben: warum kämpfen, warum nicht lieber nachgeben? Aber bei jenem privatrechtlichen Kampf steht die Sache völlig anders. Die relative Geringfügigkeit der Interessen, um die er sich dreht: regelmässig die Frage von Mein und Dein, die unvertilgbare Prosa, die dieser Frage einmal anklebt, weist ihn, wie es scheint, ausschliesslich in die Region der nüchternen Berechnung und Lebensbetrachtung, und die Formen, in denen er sich bewegt, das Mechanische derselben, die Ausschliessung eines jeden freien, kräftigen Hervortretens der Person ist wenig geeignet, den ungünstigen Eindruck abzuschwächen. Allerdings gab es auch für ihn eine Zeit, wo er noch die Person selber in die Schranken rief, und wo eben damit die wahre Bedeutung des Kampfes deutlich zum Vorschein gelangte. Als noch das Schwert den Streit um Mein und Dein entschied, als der Ritter des Mittelalters dem Gegner den Fehdebrief schickte, mochte auch der Unbetheiligte zu der Ahnung gedrängt werden, dass es sich bei diesem Kampfe nicht bloss um den *Werth der Sache* handle, um Abwehr eines pecuniären Verlustes, sondern dass in der Sache die Person sich selber, ihr Recht und ihre Ehre einsetze und behaupte.

Doch wir werden nicht nöthig haben, längst entschwundene Zustände heraufzubeschwören, um ihnen die Deutung dessen zu entnehmen, was heute, wenn auch der Form nach anders, doch der Sache nach ganz ebenso ist wie damals. Ein Blick auf die Erscheinungen unseres heutigen Lebens und die psychologische Selbstbeobachtung werden uns dieselben Dienste thun.

Mit der Verletzung der Rechte tritt an jeden Berechtigten die Frage heran: ob er es behaupten, dem Gegner Widerstand leisten, also kämpfen, oder ob er, um dem Kampfe zu entgehen, es im Stich lassen soll; diesen Entschluss nimmt ihm Niemand ab. Wie derselbe auch ausfallen möge, in beiden Fällen ist er mit einem Opfer verbunden, in dem einen wird das Recht dem Frieden, in dem andern der Friede dem Recht geopfert. Die Frage scheint sich demnach dahin zuzuspitzen: welches Opfer nach den individuellen Verhältnissen des Falles und der Person das erträglichere ist. Der Reiche wird des Friedens willen den für ihn unbedeutenden Streitbetrag, der Arme, für den dieser Betrag ein verhältnissmässig bedeutender ist, seinetwegen den Frieden daran geben. So würde sich also die

Frage von dem Kampf um's Recht zu einem reinen Rechenexempel gestalten, bei dem Vortheile und Nachtheile auf beiden Seiten gegen einander abgewogen werden müssten, um darnach den Entschluss zu bestimmen.

Dass dies nun in Wirklichkeit keineswegs der Fall ist, weiss Jeder. Die tägliche Erfahrung zeigt uns Processe, bei denen der Werth des Streitobjects ausser allem Verhältniss steht zu dem voraussichtlichen Aufwand an Mühe, Aufregung, Kosten. Niemand, dem ein Thaler in's Wasser gefallen ist, wird zwei daran setzen, ihn wieder zu erlangen – für ihn ist die Frage, wie viel er daran wenden soll, ein reines Rechenexempel. Warum stellt er dasselbe Rechenexempel nicht auch bei einem Processe an? Man sage nicht: er rechne auf den Gewinn desselben und erwarte, dass die Kosten auf seinen Gegner fallen werden. Der Jurist weiss, dass selbst die sichere Aussicht, den Sieg theuer bezahlen zu müssen, manche Parteien vom Process nicht abhält; wie oft muss der Rechtsbeistand, welcher der Partei das Missliche ihrer Sache vorstellt und vom Process abräth, die Antwort vernehmen: sie sei fest entschlossen, den Process zu führen, er möge kosten, was er wolle.

Wie erklären wir uns eine solche, vom Standpunkt einer verständigen Interessenberechnung geradezu widersinnige Handlungsweise?

Die Antwort, die man darauf gewöhnlich zu hören bekommt, ist bekannt: es ist das leidige Uebel der Processsucht, der Rechthaberei, die reine Lust am Streit, der Drang, am Gegner sein Müthchen zu kühlen, selbst auf die Gewissheit hin, dies eben so theuer, vielleicht noch theurer bezahlen zu müssen als jener.

Lassen wir einmal den Streit der beiden Privatleute aus den Augen, setzen wir an ihre Stelle zwei Völker. Das eine hat dem andern widerrechtlich eine Quadratmeile öden, werthlosen Landes genommen; soll letzteres den Krieg beginnen? Betrachten wir die Frage ganz von demselben Standpunkt, von dem aus die Theorie der Processsucht sie bei dem Bauern beurtheilt, dem der Nachbar einige Fuss von seinem Acker abgepflügt oder Steine auf sein Feld geworfen hat. Was bedeutet eine Quadratmeile öden Landes gegen einen Krieg, der Tausenden das Leben kostet, Kummer und Elend in Hütten und Paläste wirft, Millionen und Milliarden des Staatsschatzes verschlingt und möglicherweise die Existenz des Staates bedroht! Welche Thorheit, für ein solches Object solche Opfer zu bringen!

So müsste das Urtheil lauten, wenn der Bauer und das Volk mit demselben Masse gemessen würden. Gleichwohl wird Niemand dem Volke denselben Rath ertheilen wie dem Bauer. Jeder fühlt, dass ein Volk, welches zu einer solchen Rechtsverletzung schwiege, sein eigenes Todesurtheil besiegeln würde. Einem Volke, das sich von seinem Nachbarn ungestraft eine Quadratmeile entreissen lässt, werden auch die übrigen genommen, bis es Nichts mehr sein eigen nennt und als Staat zu existiren aufgehört hat, und ein solches Volk hat auch kein besseres Loos verdient.

Aber wenn das Volk sich wehren soll wegen der Quadratmeile, ohne nach dem Werth derselben zu fragen, warum nicht auch der Bauer wegen des Streifen Landes? Oder sollen wir ihn mit dem Spruch abfertigen: quod licet Jovi, non licet bovi? Aber so wenig das Volk um der Quadratmeile, sondern um seiner selbst willen, seiner Ehre und seiner Unabhängigkeit wegen kämpft, so wenig handelt es sich in Processen, in denen es dem Kläger darum zu thun ist, sich einer schnöden Missachtung des Rechts zu erwehren, um das geringfügige Streitobject, sondern um einen idealen Zweck: *die Behauptung der Person selber und ihres Rechtsgefühles.* Gegenüber diesem Zweck fallen in den Augen des Berechtigten alle Opfer und Unannehmlichkeiten, die der Process in seinem Gefolge hat, gar nicht weiter in's Gewicht – der Zweck macht die Mittel bezahlt. Nicht das nüchterne Geldinteresse ist es, das den Verletzten antreibt, den Process zu erheben, sondern der moralische Schmerz über das erlittene Unrecht; nicht darum ist es ihm zu thun, bloss das Object wieder zu erlangen – er hat es vielleicht, wie dies oft in solchen Fällen zur Constatirung des wahren Processmotivs geschieht, von vornherein einer Armenanstalt gewidmet – sondern darum, sein gutes Recht zur Geltung zu bringen. Eine innere Stimme sagt ihm, dass er nicht zurücktreten darf, dass es sich für ihn nicht um das werthlose Object, sondern um seine Persönlichkeit, seine Ehre, sein Rechtsgefühl, seine Selbstachtung handelt – kurz, der Process gestaltet sich für ihn aus einer blossen *Interessenfrage* zu einer *Charakterfrage: Behauptung* oder *Preisgebung* der Persönlichkeit.

Nun zeigt aber die Erfahrung nicht minder, dass manche Andere in gleicher Lage die gerade entgegengesetzte Entscheidung treffen – der Friede ist ihnen lieber als ein mühsam behauptetes Recht. Wie sollen wir uns mit unserm Urtheil dazu stellen? Sollen wir einfach sagen: das ist Sache des individuellen Geschmacks und Temperaments, der Eine ist streitsüchtiger, der Andere friedfertiger; vom Standpunkt des Rechts aus ist Beides in gleicher Weise zu respectiren, denn das Recht überlässt dem Berechtigten die Wahl, ob er sein Recht geltend machen oder es im Stich lassen will? Ich halte diese Ansicht, der man bekanntlich im Leben nicht selten begegnet, für eine höchst verwerfliche, dem innersten Wesen des Rechts widerstreitende; wäre es denkbar, dass sie irgendwo die allgemeine würde, es wäre um das Recht selber geschehen, denn während das Recht zu seinem Bestehen den mannhaften Widerstand gegen das Unrecht nöthig hat, predigt sie die feige Flucht vor demselben. Ich stelle ihr den Satz gegenüber: Der Widerstand gegen ein schnödes, die Person selber in die Schranken forderndes Unrecht, d. h. gegen eine Verletzung des Rechts, welche in der Art ihrer Vornahme den Charakter einer *Missachtung* desselben, einer persönlichen *Kränkung* an sich trägt, ist *Pflicht.* Er ist Pflicht des Berechtigten *gegensich selber* – denn er ist ein Gebot der moralischen Selbsterhaltung. Er ist

Pflicht *gegen das Gemeinwesen* – denn er ist nöthig, damit das Recht reale Wahrheit sei.

Der Kampf um's Recht ist eine Pflicht des Berechtigten gegen sich selbst.

Behauptung der eigenen Existenz ist das höchste Gesetz der ganzen belebten Schöpfung; in dem Triebe der Selbsterhaltung gibt es sich kund in jeder Creatur. Für den Menschen aber handelt es sich nicht bloss um das physische Leben, sondern um seine moralische Existenz, eine der Bedingungen derselben aber ist die Behauptung des Rechts. In dem Recht besitzt und vertheidigt der Mensch seine moralische Daseinsbedingung – ohne das Recht sinkt er auf die Stufe des Thieres herab,[5] wie denn ja die Römer ganz consequenterweise die Sklaven vom Standpunkt des abstracten Rechts aus auf Eine Stufe mit den Thieren stellten. Behauptung des Rechts ist demnach eine Pflicht der moralischen Selbsterhaltung – gänzliche Aufgabe desselben, jetzt zwar unmöglich, einst aber möglich, moralischer Selbstmord. Das Recht aber ist nur die Summe seiner einzelnen Institute, jedes derselben enthält eine eigenthümliche physische oder moralische Daseinsbedingung:[6] das Eigenthum so gut wie die Ehe, der Vertrag so gut wie die Ehre – ein Verzicht auf eine einzelne derselben ist daher rechtlich ebenso unmöglich wie ein Verzicht auf das gesammte Recht. Aber was allerdings möglich ist, das ist der Angriff eines Andern auf eine dieser Bedingungen, und diesen Angriff zurückzuschlagen hat das Subject die Pflicht. Denn mit der blossen abstracten Gewährung dieser Lebensbedingungen von Seiten des Rechts ist es nicht gethan, sie müssen concret vom Subject behauptet werden; den Anlass dazu aber gibt die Willkür, wenn sie es wagt, dieselben anzutasten.

Aber nicht jedes Unrecht ist Willkür, d. h. eine Auflehnung gegen die *Idee* des Rechts. Der Besitzer meiner Sache, der sich für den Ei-

---

[5] In der Novelle: Michael Kohlhaas von Heinrich von Kleist, auf die ich unten noch des Nähern zurückkommen werde, lässt der Dichter seinen Helden sagen: Lieber ein Hund sein, wenn ich von Füssen getreten werden soll, als ein Mensch!

[6] Den Nachweis habe ich in meinem Werke über den Zweck im Recht gegeben (B. 1, S. 434 flg., Leipz. 1877), und ich habe dementsprechend das Recht definirt als die in Form des Zwanges durch die Staatsgewalt verwirklichte Sicherung der Lebensbedingungen der Gesellschaft.

genthümer hält, negirt in meiner Person nicht die Idee des Eigenthums, er ruft sie vielmehr für sich selber an; der Streit zwischen uns Beiden dreht sich bloss darum, wer der Eigenthümer ist. Aber der Dieb und der Räuber stellen sich ausserhalb des Eigenthums, sie negiren in meinem Eigenthum zugleich die Idee desselben und damit eine wesentliche Existenzbedingung meiner Person. Man denke sich ihre Handlungsweise als eine allgemeine, als Maxime des Rechts, und das Eigenthum ist principiell und praktisch negirt. Darum enthält ihre That nicht bloss einen Angriff gegen meine Sache, sondern zugleich gegen meine Person, und wenn es meine Pflicht ist, letztere zu behaupten, so erstreckt sich dieselbe auch auf die Behauptung der Bedingungen, ohne welche die Person nicht existiren kann – in seinem Eigenthum vertheidigt der Angegriffene sich selber, seine Persönlichkeit. Nur der Conflict der Pflicht der Behauptung des Eigenthums mit der höhern der Erhaltung des Lebens, wie er in dem Fall eintritt, wenn dem Bedrohten der Räuber die Alternative zwischen Leben und Geld stellt, kann die Preisgabe des Eigenthums rechtfertigen. Aber abgesehen von diesem Fall ist es Pflicht eines Jeden gegen sich selbst, eine Missachtung des Rechts in seiner Person mit allen ihm zu Gebote stehenden Mitteln zu bekämpfen; durch Duldung derselben statuirt er einen einzelnen Moment der *Rechtlosigkeit* in seinem Leben. Dazu darf aber Niemand selber die Hand bieten. Ganz anders ist die Lage des Eigenthümers dem gutgläubigen Besitzer seiner Sache gegenüber. Hier ist die Frage, was er zu thun hat, keine Frage seines Rechtsgefühls, seines Charakters, seiner Persönlichkeit, sondern eine reine Interessenfrage, denn hier steht für ihn nichts weiter auf dem Spiel als der Werth der Sache, und da ist es vollkommen gerechtfertigt, dass er Gewinn und Einsatz und die Möglichkeit eines doppelten Ausganges gegen einander abwägt und darnach seinen Entschluss trifft: den Process erhebt, von ihm absteht, sich vergleicht.[7] Der Vergleich

---

[7] Die obige Stelle hätte mich gegen die Unterstellung schützen sollen, als ob ich schlechthin den Kampf um's Recht predigte, ohne den Conflict, durch den er hervorgerufen wird, in Betracht zu ziehen. Nur wo die Person selber in ihrem Rechte mit Füssen getreten wird, habe ich die Behauptung des Rechts für eine Selbstbehauptung der Person und damit für eine Ehrensache und moralische Pflicht erklärt. Wenn man über diesen von mir so scharf betonten Unterschied hinwegsehen und mir die absurde Ansicht unterschieben konnte, als ob Zank und Streit etwas Schönes, und als ob Processsucht und Rechthaberei eine

ist der Coincidenzpunkt einer derartigen, von beiden Seiten angestellten Wahrscheinlichkeitsberechnnng, und unter Prämissen, wie ich sie hier voraussetze, nicht bloss ein zulässiges, sondern das *richtigste* Lösungsmittel des Streites. Wenn er dennoch oft so schwer zu erzielen ist, ja wenn beide Parteien in der Verhandlung mit ihren Rechtsbeiständen vor Gericht nicht selten von vornherein alle Vergleichsunterhandlungen ablehnen, so hat dies nicht bloss darin seinen Grund, dass in Bezug auf den Ausgang des Processes jeder der streitenden Theile an seinen Sieg glaubt, sondern auch darin, dass er bei dem andern bewusstes Unrecht, böse Absicht voraussetzt. Damit nimmt die Frage, wenn sie sich processualisch auch in den Formen des objectiven Unrechts bewegt (*reivindicatio*), dennoch psychologisch für die Partei ganz dieselbe Gestalt an, wie in dem obigen Fall: die einer bewussten Rechtskränkung, und vom Standpunkt des Subjects aus ist die Hartnäckigkeit, mit der dasselbe hier den Angriff auf sein Recht zurückweist, ganz so motivirt und sittlich gerechtfertigt wie dem Diebe gegenüber. In einem solchen Fall die Partei durch Hinweisung auf die Kosten und sonstigen Folgen des Processes und die Unsicherheit des Ausganges von demselben abschrecken zu wollen, ist ein psychologischer Missgriff, denn die Frage ist für sie keine Frage des Interesses, sondern des verletzten Rechtsgefühls; der einzige Punkt, bei dem sich mit Erfolg der Hebel ansetzen lässt, ist die Voraussetzung der schlechten Absicht des Gegners, durch welche die Partei sich leiten lässt; gelingt es, sie zu widerlegen, so ist der eigentliche Nerv des Widerstandes durchschnitten, und die Partei der Betrachtung der Sache unter dem Gesichtspunkt des Interesses und damit dem Vergleich zugänglich gemacht. Welchen hartnäckigen Widerstand die Voreingenommenheit der Partei oft allen solchen Versuchen entgegenstellt, ist jedem praktischen Juristen nur zu bekannt, und ich glaube von dieser Seite auf keinen Widerstand zu stossen, wenn ich behaupte, dass diese psychologische Unzugänglichkeit, diese Zähigkeit des Misstrauens nicht etwas rein Individuelles, durch den zufälligen Charakter der

---

Tugend sei, so bleibt mir zur Erklärung dafür nur die Alternative übrig, entweder der Annahme einer Unehrlichkeit, welche eine unbequeme Ansicht entstellt, um sie widerlegen zu können, oder eine Liederlichkeit im Lesen, welche, wenn sie hinten im Buche anlangt, vergessen hat, was sie vorne gelesen hat.

Person Bedingtes ist, sondern dass dafür die allgemeinen Gegensätze der Bildung und des Berufs in hohem Grade massgebend sind. Am unüberwindlichsten ist dies Misstrauen beim Bauer. Die sog. Processsucht, deren man ihn beschuldigt, ist nichts als das Product zweier gerade ihm vorzugsweise eigenthümlicher Factoren: eines starken Eigenthumssinnes, um nicht zu sagen des Geizes, und des Misstrauens. Kein Anderer versteht sich so gut auf sein Interesse und hält das, was er hat, so fest wie der Bauer, und doch opfert bekanntlich Niemand so oft Hab und Gut einem Processe wie er. Scheinbar ein Widerspruch, in Wirklichkeit ganz erklärlich. Denn gerade sein stark entwickelter Eigenthumssinn macht den Schmerz einer Verletzung desselben für ihn nur um so empfindlicher und damit die Reaction um so heftiger. Die Processsucht des Bauern ist nichts als die durch das Misstrauen bewirkte Verirrung des Eigenthumssinnes, eine Verirrung, die wie die analoge Erscheinung in der Liebe, die Eifersucht, schliesslich ihre Spitze gegen sich selber kehrt, indem sie zerstört, was sie zu retten sucht.

Eine interessante Bestätigung zu dem, was ich soeben gesagt habe, bietet das altrömische Recht. Da hat jenes Misstrauen des Bauern, welches bei jedem Rechtsconflict böse Absicht des Gegners wittert, geradezu die Form von Rechtssätzen angenommen. Ueberall, auch in solchen Fällen, wo es sich um einen Rechtsconflict handelt, bei dem jeder der streitenden Theile in gutem Glauben sein kann, muss der unterliegende Theil den Widerstand, den er dem Recht des Gegners entgegengesetzt hat, durch Strafe büssen. Dem gereizten Rechtsgefühl geschieht durch die einfache Wiederherstellung des Rechts kein Genüge, es verlangt noch eine besondere Genugthuung dafür, dass der Gegner, schuldig oder unschuldig, das Recht bestritten hat (s. u.). Hätten unsere heutigen Bauern das Recht zu machen, es würde muthmasslich ebenso lauten wie das ihrer altrömischen Standesgenossen. Aber schon in Rom ist das Misstrauen im Recht durch die Cultur mittelst der genauen Unterscheidung von zwei Arten des Unrechts: des verschuldeten und unverschuldeten oder des subjectiven und objectiven (in Hegel'scher Sprache des unbefangenen Unrechts) principiell überwunden worden.

Dieser Gegensatz des subjectiven und objectiven Unrechts ist in legislativer und wissenschaftlicher Beziehung ein ausserordentlich wichtiger. Er drückt die Art aus, wie das *Recht* vom Standpunkt der

Gerechtigkeit die Sache ansieht, und dementsprechend die Folgen des Unrechts je nach Verschiedenheit desselben verschieden bemisst. Aber für die Auffassung des *Subjects*, für die Art, wie dessen Rechtsgefühl, das nicht nach den abstracten Begriffen des Systems pulsirt, durch ein ihm widerfahrenes Unrecht erregt wird, ist derselbe in keiner Weise massgebend. Die Umstände des besonderen Falls können der Art sein, dass der Berechtigte allen Grund hat, bei einem Rechtsconflict, der dem Gesetz zufolge unter den Gesichtspunkt der blossen objectiven Rechtsverletzung fällt, von der Unterstellung böser Absicht, bewussten Unrechts auf Seiten seines Gegners auszugehen, und für sein Verhalten ihm gegenüber wird dieses sein Urtheil mit vollem Recht den Ausschlag geben. Dass das Recht mir gegen den Erben meines Schuldners, der um die Schuld nicht weiss und seine Zahlung von dem Beweise derselben abhängig macht, ganz dieselbe *condictio ex mutuo* gibt, wie gegen den Schuldner selber, der schamloser Weise das gegebene Darlehen in Abrede stellt oder grundlos die Rückgabe verweigert, wird mich nicht abhalten, die Handlungsweise Beider in ganz verschiedenem Licht zu erblicken und darnach die meinige einzurichten. Der Schuldner steht für mich auf Einer Linie mit dem Diebe, er versucht, mich wissentlich um das Meinige zu bringen, in seiner Person ist es das bewusste Unrecht, das sich gegen das Recht auflehnt. Der Erbe des Schuldners dagegen steht dem gutgläubigen Besitzer meiner Sache gleich, er negirt nicht den Satz, dass ein Schuldner zahlen muss, sondern meine Behauptung, dass er selber Schuldner sei, und Alles, was ich oben von dem gutgläubigen Besitzer gesagt habe, gilt auch von ihm. Mit ihm mag ich mich vergleichen oder von der Erhebung des Processes, wenn ich des Erfolges nicht sicher zu sein glaube, ganz absehen, aber dem Schuldner gegenüber, der mich um mein gutes Recht zu bringen sucht, der auf meine Scheu vor einem Process, meine Bequemlichkeit, Indolenz, Schwäche speculirt, soll und muss ich mein Recht verfolgen, es koste, was es wolle; thue ich es nicht, so gebe ich nicht bloss dieses Recht, sondern das Recht preis.

Ich erwarte auf meine bisherigen Ausführungen den Einwand: was weiss das Volk von dem Rechte des Eigenthums, der Obligation als sittlicher Daseinsbedingungen der Person? Wissen? – nein! aber ob es sie als solche nicht *fühlt*, ist eine andere Frage, und ich hoffe, zeigen zu können, dass dem so ist. Was weiss das Volk von der Niere, Lunge, Leber als Bedingungen des physischen Lebens? Aber den Stich in der Lunge, den Schmerz in der Niere oder Leber empfindet Jeder und versteht die Mahnung, die er an ihn richtet. Der physische Schmerz ist das Signal einer Störung im Organismus, der Anwesenheit eines demselben feindlichen Einflusses; er öffnet uns die Augen über eine uns drohende Gefahr und richtet durch das Leiden, das er uns bereitet, an uns die Mahnung, uns vorzusehen. Ganz dasselbe gilt von dem moralischen Schmerz, den das absichtliche Unrecht, die Willkür verursacht. Von verschiedener Intensität, ganz wie der physische, je nach der Verschiedenheit der subjectiven Empfindlichkeit, der Form und des Gegenstandes der Rechtsverletzung, worüber nachher das Nähere, kündigt er sich gleichwohl in jedem Menschen, der nicht bereits völlig abgestumpft ist, d. h. sich an thatsächliche Rechtlosigkeit gewöhnt hat, als moralischer Schmerz an und richtet an ihn dieselbe Mahnung wie der physische, d. h. nicht sowohl die, dem Gefühl des Schmerzes ein Ende zu machen, als vielmehr die, die Gesundheit, die durch das unthätige Erdulden desselben untergraben wird, zu erhalten – in dem einen Fall die Mahnung an die Pflicht der physischen, in dem andern an die der moralischen Selbsterhaltung. Nehmen wir den zweifellosesten Fall, den der Ehrverletzung, und den Stand, in dem das Gefühl für Ehre am empfindlichsten ausgebildet ist, den Officiersstand. Ein Officier, der eine Ehrenbeleidigung geduldig ertragen hat, ist als solcher unmöglich geworden. Warum? Die Behauptung der Ehre ist Pflicht eines Jeden, warum accentuirt denn der Officiersstand in gesteigerter Weise die Erfüllung dieser Pflicht? Weil er das richtige Gefühl hat, dass die muthige Behauptung der Persönlichkeit gerade für ihn eine unerlässliche Bedingung seiner ganzen Stellung ist, dass ein Stand, der seiner Natur nach die Verkörperung des persönlichen Muthes sein soll, Feigheit seiner Mitglieder nicht dulden kann, ohne sich selbst herabzusetzen.[8]

Damit vergleiche man den Bauern. Derselbe Mann, der mit äusserster Hartnäckigkeit sein Eigenthum vertheidigt, beweist in Bezug auf seine Ehre eine auffällige Unempfindlichkeit. Wie erklärt sich dies? Aus demselben richtigen Gefühl der Eigenthümlichkeit seiner

---

[8] Von mir weiter ausgeführt in meinem »Zweck im Recht« B. 2, S. 302-304, Leipzig 1883.

Lebensbedingungen, wie beim Officier. Sein Beruf verweist ihn nicht auf den Muth, sondern auf die Arbeit, letztere aber vertheidigt er in seinem Eigenthum. Arbeit und Eigenthumserwerb ist die Ehre des Bauern. Ein fauler Bauer, der seinen Acker nicht in Stand hält oder leichtsinnig das Seinige durchbringt, ist bei seinen Standesgenossen ebenso verachtet, wie ein Officier, der nicht auf seine Ehre hält, bei Seinesgleichen, während kein Bauer dem andern einen Vorwurf daraus macht, dass er wegen einer Beleidigung keine Schlägerei oder keinen Process begonnen hat, sowie kein Officier dem andern daraus, dass er kein guter Wirth ist. Für den Bauern ist das Grundstück, das er bebaut, und das Vieh, das er zieht, die Basis seiner Existenz, und gegen den Nachbarn, der ihm einige Fuss Land abgepflügt hat, oder den Händler, der ihm für seinen Ochsen das Geld vorenthält, beginnt er in seiner Weise, d. h. in Form eines mit erbittertster Leidenschaft geführten Processes ganz denselben Kampf um sein Recht, den der Officier gegen Denjenigen, der seiner Ehre zu nahe getreten ist, mit dem Degen in der Faust ausficht. Beide opfern sich dabei mit voller Rücksichtslosigkeit – die Folgen kommen für sie gar nicht in Betracht. Und sie müssen es thun, denn sie gehorchen damit nur dem eigenthümlichen Gesetz ihrer moralischen Selbsterhaltung. Man setze dieselben Leute auf die Geschwornenbank und lasse das eine Mal Officiere über Eigenthumsverbrechen, Bauern über Ehrverletzungen richten, das andere Mal diese über jene, jene über diese – wie verschieden werden in beiden Fällen die Urtheile ausfallen! Es ist bekannt, dass es keine strengeren Richter über Eigenthumsverbrechen gibt, als die Bauern. Und obschon ich selber darüber keine Erfahrung habe, so möchte ich doch wetten, dass ein Richter in dem seltenen Fall, wo ihm einmal ein Bauer mit einer Injurienklage kommt, mit seinen Vergleichsvorschlägen ein ungleich leichteres Spiel haben wird, als bei einer Klage desselben Mannes um Mein und Dein. Der altrömische Bauer nahm bei einer Ohrfeige mit 25 As vorlieb, und wenn ihm Einer das Auge ausgeschlagen hatte, liess er mit sich reden und handeln und verglich sich, anstatt, wie er gedurft hätte, ihm wieder eins auszuschlagen. Dagegen beanspruchte er vom Gesetz die Befugniss, dass er den Dieb, den er bei der That ertappte, als Sklaven behalten und im Fall des Widerstandes niedermachen dürfe, und das Gesetz bewilligte ihm dies. Dort galt es nur seine Ehre, seinen Leib, hier sein Gut und seine Habe.

Als Dritten im Bunde geselle ich den Kaufmann hinzu. Was dem Officier die Ehre, dem Bauern das Eigenthum, das ist dem Kaufmann der Credit. Die Aufrechthaltung desselben ist für ihn eine Lebensfrage, und wer ihn der Lässigkeit in der Erfüllung seiner Verbindlichkeiten beschuldigt, der trifft ihn empfindlicher, als wer ihn persönlich beleidigt oder ihn bestiehlt. Es entspricht dieser eigenthümlichen Stellung des Kaufmanns, wenn die neueren Gesetzbücher die Bestrafung des leichtsinnigen und betrügerischen Bankbruchs mehr und mehr auf ihn und die ihm gleichstehenden Personen eingeschränkt haben.

Der Zweck meiner letzten Ausführung bestand nicht darin, die einfache Thatsache zu constatiren, dass das Rechtsgefühl nach Verschiedenheit des Standes und Berufes eine verschiedenartige Reizbarkeit bekundet, indem es den empfindlichen Charakter einer Rechtsverletzung lediglich nach dem Massstab des Standesinteresses abmisst; sondern diese Thatsache selber sollte mir nur dazu dienen, um mittelst ihrer eine Wahrheit von ungleich höherer Bedeutung in's rechte Licht zu setzen, den Satz nämlich, dass jeder Berechtigte in seinem Rechte seine ethischen Lebensbedingungen vertheidigt. Denn der Umstand, dass die höchste Reizbarkeit des Rechtsgefühls bei den drei genannten Ständen sich gerade bei jenen Punkten kundgibt, in denen wir die eigenthümlichen Lebensbedingungen dieser Stände erkannt haben, zeigt uns, dass die Reaction des Rechtsgefühls sich nicht wie ein gewöhnlicher Affect lediglich nach den individuellen Momenten des Temperaments und Charakters bestimmt, sondern dass bei ihr zugleich ein sociales Moment mitwirkt: das Gefühl von der Unentbehrlichkeit gerade dieses bestimmten Rechtsinstituts für den besondern Lebenszweck dieses Standes. Der Grad der Energie, mit dem das Rechtsgefühl gegen eine Rechtsverletzung reagirt, ist in meinen Augen ein sicherer Massstab für den Stärkegrad, in dem ein Individuum, Stand oder Volk die Bedeutung des Rechts, sowohl des Rechts überhaupt als eines einzelnen Instituts, für sich und seine speciellen Lebenszwecke empfindet. Dieser Satz hat für mich eine ganz allgemeine Wahrheit, er gilt eben sowohl für das öffentliche wie für das Privatrecht. Dieselbe Reizbarkeit, welche die verschiedenen Stände in Bezug auf eine Verletzung aller derjenigen Institute bekunden, welche in hervorragender Weise die Basis ihrer Existenz bilden, wiederholt sich nämlich auch bei verschiedenen Staaten in Bezug auf solche Einrichtungen, in denen ihr eigenthümliches Lebensprincip verwirklicht erscheint. Der Gradmesser ihrer Reizbarkeit und damit des Werthes, den sie diesen Institutionen beilegen, ist das *Strafrecht*. Die überraschende Verschiedenheit, welche innerhalb der Strafgesetzgebungen in Bezug auf Milde und Strenge obwaltet, hat zum grossen Theil in dem obigen Gesichtspunkt der Daseinsbedingungen ihren Grund. Jeder Staat bestraft diejenigen Verbrechen auf's strengste, die sein eigenthümliches Lebensprincip bedrohen, während er bei den übrigen eine damit nicht selten auffallend contrastirende Milde obwalten lässt. Die Theokratie stempelt die Gotteslästerung und Abgötterei zu einem todeswürdigen Verbrechen, während sie in der Grenzverrückung nur ein einfaches Vergehen erblickt (mosaisches Recht). Der Ackerbau treibende Staat dagegen wird umgekehrt letztere mit der ganzen Wucht der Strafe heimsuchen, während er den Gotteslästerer mit mildester Strafe davon lässt (altrömisches Recht). Der Handelsstaat wird Münzfälschung und überhaupt Fälschung, der Militärstaat Insubordination, Dienstvergehen u. s. w., der absolute Staat das Majestätsverbrechen, die Republik das Streben nach königlicher Gewalt an die erste Stelle rücken, und alle werden an dieser Stelle eine Strenge bethätigen, die mit der Art, wie sie andere Verbrechen verfolgen, einen schroffen Gegensatz bildet. Kurz die Reaction des Rechtsgefühls der Staaten und Individuen ist da am heftigsten, wo sie sich in ihren eigenthümlichen Lebensbedingungen unmittelbar bedroht fühlen.[9]

---

[9] Der Kundige weiss, dass ich mit den obigen Bemerkungen nur Ideen verwerthet habe, die zuerst erkannt und gestaltet zu haben das unsterbliche Verdienst von Montesquieu (sur l'esprit des lois) ist.

Sowie die eigenthümlichen Bedingungen des Standes und Berufes gewissen Instituten des Rechts eine erhöhte Bedeutung zu verleihen und damit folgeweise die Empfindlichkeit des Rechtsgefühls gegen eine Verletzung derselben zu steigern vermögen, so können dieselben umgekehrt für beide auch eine Abschwächung herbeiführen. Die dienende Classe kann das Gefühl der Ehre nicht in derselben Weise unterhalten, wie die übrigen Schichten der Gesellschaft; ihre Stellung bringt gewisse Demüthigungen mit sich, gegen die der Einzelne, so lange der Stand selber sie erduldet, vergebens sich auflehnt; einem Individuum mit regem Ehrgefühl in solcher Stellung bleibt nichts übrig, als entweder seine Ansprüche auf das bei Seinesgleichen übliche Mass herabzusetzen oder den Beruf aufzugeben. Nur dann, wenn eine derartige Empfindungsweise eine allgemeine wird, öffnet sich für den Einzelnen die Aussicht, seine Kraft, statt im nutzlosen Kampfe zu erschöpfen, im Verein mit Gleichgesinnten fruchtbar dahin zu verwerthen, um das Niveau der Standesehre, ich meine nicht bloss das subjective Gefühl für Ehre, sondern ihre objective Anerkennung von Seiten der übrigen Classen der Gesellschaft und der Gesetzgebung zu erhöhen. Nach dieser Seite hin hat sich die Stellung der dienenden Classe in den letzten fünfzig Jahren erheblich verbessert.

Was ich von der Ehre gesagt habe, gilt auch vom Eigenthum. Auch die Reizbarkeit in Bezug auf das Eigenthum, der rechte Eigenthumssinn – ich verstehe darunter nicht den Erwerbstrieb, das Jagen nach Geld und Gut, sondern jenen mannhaften Sinn des Eigenthümers, als dessen mustergültigen Repräsentanten ich oben den Bauern hingestellt habe, des Eigenthümers, der sein Eigen vertheidigt, nicht weil es ein Werthobject ist, sondern weil es sein eigen ist, – auch dieser Sinn kann unter dem Einfluss ungesunder Zustände und Verhältnisse sich abschwächen. Was hat die Sache, die mein ist, so hört man gar Manche sich äussern, mit meiner Person zu schaffen? Sie dient mir als Mittel des Lebensunterhaltes, des Erwerbes, des Genusses; aber so wenig es eine sittliche Pflicht für mich ist, viel Geld zu erwerben, so wenig kann es als solche gelten, wegen einer Bagatelle einen Process zu beginnen, der mich Geld und Zeit und meine Behaglichkeit kostet. Das einzige Motiv, das mich bei der rechtlichen Behauptung des Vermögens zu leiten hat, ist dasselbe, welches mich bei dem Erwerb und der Verwendung desselben bestimmt: mein Interesse – ein Process um Mein und Dein ist eine reine Interessenfrage.

Ich meinerseits kann in einer solchen Auffassung vom Eigenthum nur eine Entartung des gesunden Eigenthumssinnes und den Grund davon nur in einer Verschiebung der naturgemässen Verhältnisse des Eigenthums erblicken. Nicht den Reichthum und den Luxus mache ich für sie verantwortlich, – in beiden erblicke ich gar keine Gefahr für den Rechtssinn des Volkes – sondern die Unsittlichkeit des Erwerbes. Die historische Quelle und der ethische Rechtfertigungsgrund des Eigenthums ist die Arbeit, ich meine nicht bloss die der Hände und Arme, sondern auch die des Geistes und Talentes, und ich erkenne nicht bloss dem Arbeiter selber, sondern auch seinen Erben ein Recht auf das Arheitsproduct zu, d. h. ich finde in dem Erbrecht eine nothwendige Consequenz des Arbeitsprincips, denn ich halte dafür, dass man dem Arbeiter nicht verwehren darf, den Genuss sich selber zu versagen und wie bei seinen Lebzeiten so auch nach seinem Tode auf andere Personen zu übertragen. Nur durch die dauernde Verbindung mit der Arbeit kann sich das Eigenthum frisch und gesund erhalten, nur an dieser seiner Quelle, aus der es unausgesetzt sich von neuem erzeugt und erfrischt, zeigt es sich klar und durchsichtig bis auf den Grund als das, was es dem Menschen ist. Aber je weiter der Strom sich von dieser Quelle entfernt und abwärts in die Regionen des leichten oder gar mühelosen Erwerbs gelangt, desto trüber wird er, bis er endlich im Schlamm des Börsenspiels und des betrügerischen Actienschwindels jede Spur von dem, was er ursprünglich war, verliert. An dieser Stelle, wo jeder Rest der sittlichen Idee des Eigenthums abhanden gekommen ist, kann freilich von einem Gefühl der sittlichen Verpflichtung der Vertheidigung desselben nicht mehr die Rede sein; für den Eigenthumssinn, wie er in Jedem lebt, der sein Brod im Schweisse seines Angesichts verdienen muss, fehlt es hier an jeglichem Verständniss. Das Schlimmste daran ist leider, dass die durch solche Gründe erzeugte Stimmung und Gewohnheit des Lebens sich nach und nach auch Kreisen mittheilt, in denen sie sich ohne den Contact mit andern spontan nicht erzeugt haben würde.[10]

---

[10] Einen interessanten Beitrag dazu bieten unsere kleinen deutschen Universitätsstädte dar, die vorzugsweise von den Studirenden leben; die

Den Einfluss der durch das Börsenspiel erworbenen Millionen ver-
spürt man bis in die Hütten hinab, und derselbe Mann, der, in eine
andere Umgebung verpflanzt, an seiner eigenen Erfahrung des
Segens inne geworden wäre, der auf der Arbeit ruht, empfindet
dieselbe unter dem entnervenden Druck einer solchen Atmosphäre
nur noch als Fluch – der Kommunismus gedeiht nur in jenem
Sumpfe, in dem die Eigenthumsidee sich völlig verlaufen hat, an
ihrer Quelle kennt man ihn nicht. Die Erfahrung, dass die Eigen-
thumsanschauung der herrschenden Kreise sich nicht auf letztere
beschränkt, sondern sich auch den übrigen Classen der Gesellschaft
mittheilt, bewährt sich in gerade entgegengesetzter Richtung auf
dem Lande. Wer hier dauernd lebt und nicht etwa ausser aller und
jeder Verbindung mit dem Bauern steht, wird, auch wenn seine
Verhältnisse und seine Persönlichkeit dies im Uebrigen nicht be-
günstigen, unwillkürlich Etwas von dem Eigenthumssinn und der
Sparsamkeit des Bauern annehmen. Derselbe Durchschnittsmann
unter übrigens völlig gleichen Verhältnissen wird auf dem Lande
mit dem Bauern sparsam, in einer Stadt wie in Wien mit dem Milli-
onär Verschwender.

Woher aber auch immer jene Lauheit der Gesinnung stammen
möge, die der Bequemlichkeit zu Liebe dem Kampfe um das Recht
aus dem Wege geht, insofern nicht der Werth des Gegenstandes sie
zum Widerstände reizt, für uns kommt es nur darauf an, sie zu
erkennen und zu bezeichnen als das, was sie ist. Die praktische
Lebensphilosophie, welche sie predigt, ist nichts anderes als die
Politik der Feigheit. Auch der Feige, der aus der Schlacht flieht,
rettet, was Andre opfern: sein Leben; aber er rettet es um den Preis
seiner Ehre. Nur der Umstand, dass die Andern Stand halten,
schützt ihn und das Gemeinwesen gegen die Folgen, die seine
Handlungsweise sonst unabwendbar nach sich ziehen müsste;
dächten Alle wie er, so wären sie Alle verloren. Ganz dasselbe gilt
von jener feigen Preisgabe des Rechts. Als Handlung eines Einzelnen unschädlich, würde sie, zur allgemeinen Maxime des Handelns
erhoben, den Untergang des Rechts bedeuten. Auch in diesem Verhältniss wird der Schein der Unschädlichkeit einer solchen Handlungsweise nur dadurch möglich, dass der Kampf des Rechts gegen

---

Stimmung und die Gewohnheiten der letzteren in Bezug auf das Geldausgeben
theilen sich unwillkürlich auch der bürgerlichen Bevölkerung mit.

das Unrecht im Ganzen und Grossen durch sie nicht weiter berührt wird. Denn einmal ist derselbe nicht bloss auf die Individuen gestellt, sondern im entwickelten Staatswesen betheiligt sich an ihm in ausgedehntester Weise auch die Staatsgewalt, indem sie alle schwereren Vergehungen gegen das Recht des Individuums, sein Leben, seine Person und sein Vermögen aus eignem Antriebe verfolgt und straft; Polizei und Strafrichter nehmen dem Subjecte schon im voraus das schwerste Stück Arbeit ab. Aber auch in Bezug auf diejenigen Rechtsverletzungen, deren Verfolgung ausschliesslich dem Individuum überlassen bleibt, ist dafür gesorgt, dass der Kampf nie abreisse, denn nicht Jeder befolgt die Politik des Feigen, und selbst letzterer stellt sich wenigstens dann unter die Kämpfer, wenn der Werth des Streitgegenstandes seine Bequemlichkeit überwindet. Aber denken wir uns Zustände, wo der Rückhalt hinwegfällt, den das Subject an der Polizei und Strafrechtspflege hat, versetzen wir uns in die Zeiten, wo, wie im alten Rom, die Verfolgung des Diebes und Räubers rein Sache des Verletzten war – wer sieht nicht ein, wohin hier jene Preisgabe des Rechts hätte führen müssen? Wohin anders als zur Ermuthigung der Diebe und Räuber? Ganz dasselbe gilt für das Völkerleben. Denn hier ist jedes Volk ganz auf sich selbst gestellt, keine höhere Macht nimmt ihm die Sorge für die Behauptung seines Rechts ab, und ich brauche nur an mein obiges Beispiel von der Quadratmeile (S. 17) zu erinnern, um zu zeigen, was jene Lebensanschauung, welche den Widerstand gegen das Unrecht nach dem materiellen Werth des Streitobjects bemessen will, für das Völkerleben bedeutet. Eine Maxime aber, welche überall, wo wir sie auf die Probe stellen, sich als eine völlig undenkbare, als Auflösung und Vernichtung des Rechts erweist, kann auch da, wo ausnahmsweise ihre letalen Folgen durch die Gunst anderer Verhältnisse paralysirt werden, unmöglich als die richtige bezeichnet werden. Ich werde unten Gelegenheit haben, den verderblichen Einfluss, den sie selbst in einer solchen relativ günstigen Lage ausübt, zu zeigen.

Weisen wir sie also von uns: diese Moral der Bequemlichkeit, die kein Volk, kein Individuum von gesundem Rechtsgefühl je zu der seinigen gemacht hat. Sie ist das Anzeichen und das Product eines kranken, lahmen Rechtsgefühls, nichts als der krasse, nackte Materialismus auf dem Gebiete des Rechts. Auch letzterer hat auf diesem

Gebiete seine volle Berechtigung, aber innerhalb bestimmter Gränzen. Der Erwerb des Rechts, die Benutzung und selbst die Geltendmachung desselben in Fällen des rein objectiven Unrechts (S. 21, 25) ist eine reine Interessenfrage – das Interesse ist der praktische Kern des Rechts im subjectiven Sinn.[11] Aber der Willkür gegenüber, die ihre Hand gegen das Recht erhebt, verliert jene materialistische Betrachtung, welche die Rechtsfrage mit der Interessenfrage identificirt, ihre Berechtigung, denn der Schlag, den die nackte Willkür dem Rechte versetzt, trifft in und mit letzterem zugleich die Person.

Es ist gleichgültig, welche Sache den Gegenstand des Rechts bildet. Triebe der blosse Zufall sie in den Kreis meines Rechts, es möchte darum sein, dass man sie ohne Verletzung meiner selbst wieder daraus entfernen könnte; aber nicht der Zufall, sondern mein Wille knüpft das Band zwischen ihr und mir, und auch er nur um den Preis vorangegangener eigener oder fremder Arbeit – es ist ein Stück der eigenen oder fremden Arbeitsvergangenheit, das ich in ihr besitze und behaupte. Indem ich sie zu der meinigen gemacht habe, habe ich ihr den Stempel meiner Person aufgedrückt; wer sie antastet, tastet letztere an, der Schlag, den man auf sie führt, trifft mich selber, der ich in ihr anwesend bin – das Eigenthum ist nur die sachlich erweiterte Peripherie meiner Person.

Dieser Zusammenhang des Rechts mit der Person verleiht allen Rechten, welcher Art sie auch seien, jenen incommensurablen Werth, den ich im Gegensatz zu dem rein substantiellen Werth, den sie vom Standpunkt des Interesses aus haben, als idealen Werth bezeichne. Ihm entstammt jene Hingebung und Energie in der Behauptung des Rechts, die ich oben geschildert habe. Diese ideale Auffassung des Rechts bildet nicht das Vorrecht höher angelegter Naturen, sondern der Roheste ist ihr eben so zugänglich wie der Gebildetste, der Reichste wie der Aermste, die wilden Naturvölker wie die civilisirtesten Nationen, und gerade darin offenbart sich so recht, wie sehr dieser Idealismus im innersten Wesen des Rechts begründet ist – er ist nichts als die Gesundheit des Rechtsgefühls. So erhebt dasselbe Recht, das scheinbar den Menschen ausschliesslich in die niedere Region des Egoismus und der Berechnung verweist, ihn andererseits wieder auf eine ideale Höhe, wo er alles Klügeln

---

[11] Weiter ausgeführt in meinem »Geist des röm. R.« III, § 60.

und Berechnen, das er dort gelernt hat, und den Massstab des Nutzens, nach dem er sonst Alles zu bemessen pflegt, vergisst, um rein und ganz für eine Idee einzutreten; Prosa in der Region des rein Sachlichen, wird das Recht in der Sphäre des Persönlichen, im Kampf um's Recht zum Zweck der Behauptung der Persönlichkeit, zur Poesie – der Kampf um's Recht ist die Poesie des Charakters.

Und was ist es, das all' dies Wunder thut? Nicht die Erkenntniss, nicht die Bildung, sondern das einfache Gefühl des Schmerzes. Der Schmerz ist der Nothschrei und der Hülferuf der bedrohten Natur. Das gilt, wie vom physischen, so auch vom moralischen Organismus (S. 27), und was dem Mediciner die Pathologie des menschlichen Organismus, das ist die Pathologie des Rechtsgefühls dem Juristen und Rechtsphilosophen, oder richtiger: das sollte sie ihm sein, denn es wäre verkehrt, zu behaupten, dass sie es ihm bereits geworden sei. In ihr steckt das ganze Geheimniss des Rechts. Der Schmerz, den der Mensch bei der Verletzung seines Rechts empfindet, enthält das gewaltsam erpresste, instinctive Selbstgeständniss über das, was das Recht ihm ist, zunächst was es ihm, dem Einzelnen, sodann aber auch, was es der menschlichen Gesellschaft ist. In diesem einen Moment kommt in Form des Affects, des unmittelbaren Gefühls von der wahren Bedeutung und dem wahren Wesen des Rechts mehr zum Vorschein als während langer Jahre ungestörten Genusses. Wer nicht an sich selbst oder an einem Andern diesen Schmerz erfahren hat, weiss nicht, was das Recht ist, und wenn er auch das ganze Corpus juris im Kopf hätte. Nicht der Verstand, nur das Gefühl vermag uns diese Frage zu beantworten, darum hat die Sprache mit Recht den psychologischen Urquell alles Rechts als Rechtsgefühl bezeichnet. Rechtsbewusstsein, rechtliche Ueberzeugung sind Abstractionen der Wissenschaft, die das Volk nicht kennt, – die Kraft des Rechts ruht im Gefühl, ganz so wie die der Liebe; der Verstand und die Einsicht kann das mangelnde Gefühl nicht ersetzen. Aber wie die Liebe sich oft selber nicht kennt, und ein einziger Moment ausreicht, sie zum vollen Bewusstsein ihrer selbst zu bringen, so weiss auch das Rechtsgefühl im unversehrten Zustande regelmässig nicht, was es ist und in sich birgt, aber die Rechtsverletzung ist die peinliche Frage, die es zum Sprechen nöthigt, und die Wahrheit an den Tag und die Kraft zum Vorschein bringt. Worin diese Wahrheit bestehe, habe ich früher (S. 20) bereits angegeben, – das Recht ist die moralische Lebensbedingung der Person, die Behauptung desselben ihre eigene moralische Selbsterhaltung.

Die Gewalt, mit der das Rechtsgefühl gegen eine ihm widerfahrene Verletzung thatsächlich reagirt, ist der Prüfstein seiner Gesundheit. Der Grad des Schmerzes, den es empfindet, verkündet ihm, welchen Werth es auf das bedrohte Gut legt. Aber den Schmerz empfinden, ohne die darin liegende Mahnung zur Abwehr der Gefahr zu beherzigen, ihn geduldig ertragen, ohne sich zu wehren, ist eine Verläugnung des Rechtsgefühls, entschuldbar vielleicht im einzelnen Fall durch die Umstände, aber auf die Dauer nicht möglich ohne die nachtheiligsten Folgen für das Rechtsgefühl selber. Denn das Wesen des letzteren ist die That – wo es der That entbehren muss, verkümmert es und stumpft sich nach und nach völlig ab, bis es zuletzt den Schmerz kaum noch empfindet. Reizbarkeit, d. h. Fähigkeit, den Schmerz der Rechtskränkung zu empfinden, und Thatkraft, d. h. der Muth und die Entschlossenheit, den Angriff zurückzuweisen, sind in meinen Augen die zwei Kriterien des gesunden Rechtsgefühls.

Ich muss es mir hier versagen, dieses ebenso interessante wie ausgibige Thema der Pathologie des Rechtsgefühls des Weiteren auszuführen, aber einige Andeutungen mögen mir erlaubt sein.

Die Reizbarkeit des Rechtsgefühls ist nicht in allen Individuen dieselbe, sondern sie schwächt sich ab und steigert sich, je nach dem Masse, in welchem dieses Individuum, dieser Stand, dieses Volk die Bedeutung des Rechts als einer moralischen Existenzbedingung seiner selbst empfindet, und zwar nicht bloss des Rechts im allgemeinen, sondern auch des einzelnen bestimmten Rechtsinstituts. In Bezug auf das Eigenthum und die Ehre ist dies oben (S. 28-31) nachgewiesen, als drittes Beispiel füge ich hier noch die Ehe hinzu – welche Reflexionen knüpfen sich an die Art, wie verschiedene Individuen, Völker, Gesetzgebungen sich dem Ehebruch gegenüber verhalten!

Das zweite Moment beim Rechtsgefühl: die Thatkraft, ist rein Sache des Charakters; das Verhalten eines Menschen oder Volkes angesichts einer Rechtskränkung ist der sicherste Prüfstein seines Charakters. Verstehen wir unter Charakter die volle, in sich ruhende, sich selbst behauptende Persönlichkeit, so gibt es keinen besseren Anlass, diese Eigenschaft zu erproben, als wenn die Willkür mit dem Rechte zugleich die Person antastet. Die Formen, in denen das verletzte Rechts- und Persönlichkeitsgefühl dagegen reagirt, ob unter dem Einfluss des Affects in wilder, leidenschaftlicher That, ob mit massvollem, aber nachhaltigem Widerstand, sind für die Intensität der Kraft des Rechtsgefühls in keiner Weise massgebend, und es gäbe keinen grösseren Irrthum, als dem wilden Volke oder dem Ungebildeten, bei dem die erstere Form die normale ist, ein regeres Rechtsgefühl zuzuschreiben als dem Gebildeten, der den zweiten Weg einschlägt. Die Formen sind mehr oder weniger Sache der Bildung und des Temperaments; der Wildheit, Heftigkeit, Leidenschaftlichkeit steht die feste Entschlossenheit, Unbeugsamkeit, Nachhaltigkeit des Widerstandes vollkommen gleich. Es wäre schlimm, wenn es anders wäre. Das hiesse, dass die Individuen und Völker um eben so viel an ihrem Rechtsgefühl einbüssten, als sie an Bildung zunähmen. Ein Blick auf die Geschichte und das bürgerliche Leben reicht aus, um diese Meinung zu widerlegen. Ebenso wenig ist der Gegensatz des Reichthums und der Armuth dafür entscheidend. So höchst verschieden auch der Werthmassstab ist, nach dem der Reiche und der Arme die Dinge bemisst, so kommt derselbe doch, wie bereits oben ausgeführt, bei der Missachtung des Rechts gar nicht zur Geltung, denn hier handelt es sich nicht um den materiellen Werth der Sache, sondern um den idealen Werth des Rechts, um die Energie des Rechtsgefühls in besonderer Richtung auf das Vermögen, und nicht wie das Vermögen, sondern wie das Rechtsgefühl beschaffen ist, gibt dabei den Ausschlag. Den besten Beweis dafür liefert das englische Volk; sein Reichthum hat seinem Rechtsgefühl keinen Abbruch gethan, und mit welcher Energie sich dasselbe selbst in blossen Eigenthumsfragen bewährt, davon haben wir auf dem Continent oft genug Gelegenheit, uns zu überzeugen an der typisch gewordenen Figur des reisenden Engländers, der dem Versuch einer Prellerei von Seiten der Gastwirthe und Lohnkutscher mit einer Mannhaftigkeit entgegentritt, als gelte es, das Recht Altenglands zu vertheidigen, der zur Noth seine Abreise verschiebt, Tage lang am Orte bleibt und den zehnfachen Betrag von dem ausgibt, was er sich zu zahlen weigert. Das Volk lacht darüber und versteht ihn nicht, – es wäre besser, wenn es ihn verstände. Denn in den wenigen Gulden, die der Mann hier vertheidigt, steckt in der That Altengland; daheim, in seinem Vaterlande begreift ihn ein Jeder und wagt es daher auch nicht so leicht, ihn zu übervortheilen. Ich versetze einen Oesterreicher von derselben Stellung und denselben Vermögensverhältnissen in dieselbe Situation; wie wird er handeln? Wenn ich meinen eigenen Erfahrungen in dieser Beziehung trauen darf, so werden es von Hundert nicht Zehn sein, die das Beispiel des Engländers nachahmen. Die Andern scheuen die Unannehmlichkeit des Streites, das Aufsehen, die Möglichkeit der Missdeutung, der sie sich aussetzen könnten, eine Missdeutung, die ein Engländer in England gar nicht zu befürchten wagt, und die er bei uns ruhig in den Kauf nimmt: kurz sie zahlen. Aber in dem Gulden, den der Engländer verweigert, und den der Oesterreicher zahlt, liegt mehr, als man glaubt, es liegt darin ein Stück England und Oesterreich, liegen Jahrhunderte ihrer beiderseitigen politischen Entwicklung und ihres socialen Lebens.

Ich habe im bisherigen den ersten der beiden oben (S. 20) aufgestellten Sätze auszuführen gesucht: der Kampf um's Recht ist eine Pflicht des Berechtigten *gegen sich selbst*. Ich wende mich nunmehr dem zweiten zu: *die Behauptung des Rechts ist eine Pflicht gegen das Gemeinwesen.*

Um diesen Satz zu begründen, bin ich genöthigt, das Verhältniss des Rechts im objectiven zu dem im subjectiven Sinn etwas näher in's Auge zu fassen. Worin besteht dasselbe? Ich glaube, die gangbare Vorstellung völlig getreu wiederzugeben, wenn ich sage: darin, dass ersteres die Voraussetzung des letzteren bildet; ein concretes Recht ist nur da vorhanden, wo die Bedingungen vorliegen, an welche der abstracte Rechtssatz das Dasein desselben geknüpft hat. Damit ist nach der herrschenden Lehre die gegenseitige Beziehung beider zu einander vollständig erschöpft. Aber diese Vorstellung ist eine durchaus einseitige, sie betont ausschliesslich die Abhängigkeit des concreten Rechtes vom abstracten, übersieht aber, dass ein solches Abhängigkeitsverhältniss nicht minder in entgegengesetzter Richtung obwaltet. Das concrete Recht *empfängt* nicht bloss Leben und Kraft vom abstracten, sondern *gibt* ihm dasselbe *zurück*. Das Wesen des Rechts ist praktische Verwirklichung. Eine Rechtsnorm, welche derselben nie theilhaftig geworden oder derselben wieder verlustig gegangen ist, hat auf diesen Namen keinen Anspruch mehr, sie ist eine lahme Feder in der Maschinerie des

Rechts geworden, die nicht mitarbeitet, und die man herausnehmen kann, ohne dass sich das Mindeste ändert. Dieser Satz gilt ohne Einschränkung für alle Theile des Rechts, für das Staatsrecht so gut wie für das Criminalrecht und Privatrecht, und das römische Recht hat ihn ausdrücklich sanctionirt, indem es die *desuetudo* als Aufhebungsgrund der Gesetze anerkennt; ihm entspricht der Untergang der concreten Rechte durch dauernde Nichtausübung (*nonusus*). Während nun die rechtliche Verwirklichung des öffentlichen Rechts und des Strafrechts in die Form einer *Pflicht* der *staatlichen Behörden*, ist die des Privatrechts in die Form eines *Rechts der Privatpersonen* gebracht, d. h. ausschliesslich ihrer Initiative und Selbstthätigkeit überlassen. In jenem Fall hängt die rechtliche Verwirklichung des Gesetzes davon ab, dass die Behörden und Beamten des Staats ihre Pflicht erfüllen, in diesem Fall davon, dass die Privatpersonen ihr Recht geltend machen. Unterlassen letztere dies bei irgend einem Verhältniss dauernd und allgemein, sei es aus Unbekanntschaft mit ihrem Recht, sei es aus Bequemlichkeit oder Feigheit, so ist der Rechtssatz damit lahm gelegt. So dürfen wir sagen: die Wirklichkeit, die praktische Kraft der Sätze des Privatrechts documentirt sich in und an der Geltendmachung der concreten Rechte, und so wie letztere einerseits ihr Leben vom Gesetze erhalten, so geben sie ihm andererseits dasselbe zurück; das Verhältniss des objectiven oder abstracten Rechts und der subjectiven concreten Rechte ist der Kreislauf des Blutes, das *vom* Herzen ausströmt und *zum* Herzen zurückströmt.

Die Verwirklichungsfrage der Sätze des öffentlichen Rechts ist auf die Pflichttreue der Beamten gestellt, die der Privatrechtssätze auf die Wirksamkeit derjenigen Motive, welche den Berechtigten zur Behauptung seines Rechts veranlassen: seines Interesses und seines Rechtsgefühls; versagen diese ihren Dienst, ist das Rechtsgefühl matt und stumpf und das Interesse nicht mächtig genug, um die Bequemlichkeit und die Abneigung gegen Zank und Streit und die Scheu vor einem Process zu überwinden, so ist die einfache Folge, dass der Rechtssatz nicht zur Anwendung gelangt.

Aber was verschlägt es? wird man mir einwerfen. Leidet doch Niemand anders darunter als der Berechtigte selber. Ich nehme das Bild wieder auf, dessen ich mich oben (S. 37) bedient habe: das der Flucht des Einzelnen aus der Schlacht. Wenn tausend Mann zu kämpfen haben, mag man die Entfernung eines Einzelnen nicht verspüren: wenn aber Hunderte von ihnen die Fahnen verlassen, so wird die Lage derer, die treu aushalten, eine immer misslichere, die ganze Last des Widerstandes fällt auf sie allein. In diesem Bilde glaube ich die wahre Gestalt der Sache entsprechend veranschaulicht zu haben. Auch auf dem Gebiete des Privatrechts gilt es einen Kampf des Rechts gegen das Unrecht, einen gemeinschaftlichen Kampf der ganzen Nation, bei dem Alle fest zusammenhalten müssen, auch hier begeht Jeder, der flieht, einen Verrath an der gemeinsamen Sache, denn er stärkt die Macht des Gegners, indem er dessen Dreistigkeit und Keckheit erhöht. Wenn die Willkür und Gesetzlosigkeit frech und dreist ihr Haupt zu erheben wagen, so ist dies immer ein sicheres Zeichen, dass diejenigen, welche berufen waren, das Gesetz zu vertheidigen, ihrer Pflicht nicht nachgekommen sind. Im Privatrecht aber ist Jeder an seiner Stelle berufen, das Gesetz zu vertheidigen, Wächter und Vollstrecker des Gesetzes innerhalb seiner Sphäre zu sein. Das concrete Recht, das ihm zusteht, ist nichts als eine ihm vom Staate ertheilte Ermächtigung zum Zwecke seines eigenen Interesses für das Gesetz in die Schranken zu treten und dem Unrecht zu wehren – eine bedingte und specielle Aufforderung im Gegensatz zu der unbedingten und allgemeinen des Beamten. Indem er *sein* Recht behauptet, vertheidigt er innerhalb des engen Raumes, den letzteres einnimmt, *das Recht*. Das Interesse und die Folgen dieser seiner Handlungsweise gehen daher über seine Person weit hinaus. Das allgemeine Interesse, welches sich an sie knüpft, ist nicht bloss das ideale, dass die Autorität und Majestät des Gesetzes sich behaupte, sondern es ist das sehr reale, höchst praktische, welches Jedem fühlbar wird, und das Jeder begreift, der für ersteres auch nicht das geringste Verständniss besitzt, nämlich dies, dass die feste Ordnung des Verkehrslebens, an der Jeder zu seinem Theil interessirt ist, gesichert und aufrecht erhalten werde. Wenn der Dienstherr nicht mehr wagt, die Gesindeordnung zur Anwendung zu bringen, der Gläubiger nicht mehr, den Schuldner pfänden zu lassen, das kaufende Publikum nicht mehr, auf genaues Gewicht und Innehaltung der Taxen zu halten, so wird dadurch nicht etwa bloss die Autorität des Gesetzes nach dieser Seite hin gefährdet, sondern es wird die Ordnung des bürgerlichen Lebens preisgegeben, und es ist schwer zu sagen, bis wie weit sich die nachtheiligen Folgen davon erstrecken können, ob nicht z. B. das ganze Creditsystem dadurch in empfindlichster Weise betroffen wird, denn wo ich Zank und Streit gewärtigen muss, um mein klares Recht durchzusetzen, werde ich, wenn ich es irgend ermöglichen kann, demselben lieber aus dem Wege gehen – mein Kapital wandert dann nach einem andern Platz, meine Waaren beziehe ich aus anderer Quelle.

In solchen Verhältnissen gestaltet sich das Loos der Wenigen, welche den Muth haben, das Gesetz zur Anwendung zu bringen, zu einem wahren Märtyrerthum; ihr energisches Rechtsgefühl, welches ihnen nicht verstattet, der Willkür das Feld zu räumen, wird für sie geradezu zum Fluch. Verlassen von allen denen, die ihre natürlichen Bundesgenossen wären, stehen sie ganz allein der durch die allgemeine Indolenz und Feigheit grossgezogenen Gesetzlosigkeit gegenüber und ernten, wenn sie mit schweren Opfern wenigstens die Genugthuung erkauft haben, sich selber treu geblieben zu sein, statt Anerkennung regelmässig nur Spott und Hohn. Die Verantwortlichkeit für derartige Zustände fällt nicht auf denjenigen Theil der Bevölkerung, der das Gesetz übertritt, sondern auf denjenigen, der nicht den Muth hat, es aufrecht zu erhalten. Nicht das Unrecht soll man anklagen, wenn es das Recht von seinem Sitze verdrängt, sondern das Recht, dass es sich dies gefallen lässt, und wenn ich die beiden Sätze: »thue kein Unrecht« und »dulde kein Unrecht« nach ihrer *praktischen* Bedeutung für den Verkehr zu lociren hätte, so würde ich sagen, die erste Regel ist: dulde kein Unrecht, die zweite:

thue keines. Denn so wie der Mensch einmal ist, wird die Gewissheit, einem festen entschlossenen Widerstande auf Seiten des Berechtigten zu begegnen, ihn mehr von der Begehung des Unrechts abhalten als ein Gebot, das, wenn wir uns jenes Hinderniss hinwegdenken, im Grunde nur die Kraft eines blossen Moralgebots besitzt.

Ist es nun nach allem diesem zu viel gesagt, wenn ich behaupte: die Vertheidigung des angegriffenen concreten Rechts ist nicht bloss eine Pflicht des Berechtigten gegen sich selbst, sondern auch gegen das Gemeinwesen? Wenn es wahr ist, was ich ausgeführt habe, dass er in *seinem* Rechte zugleich das Gesetz und im Gesetz zugleich die unerlässliche Ordnung des Gemeinwesens vertheidigt, wer will läugnen, dass ihm diese Vertheidigung als Pflicht gegen das Gemeinwesen obliegt? Wenn letzteres ihn aufrufen darf zum Kampfe gegen den äusseren Feind, in dem er Leib und Leben daranzusetzen hat, wenn also Jeder die Pflicht hat, nach aussen hin einzustehen für die gemeinsamen Interessen, gilt dies nicht auch im Innern, sollen nicht auch hier alle Gutgesinnten und Muthigen zusammentreten und fest zusammenhalten, wie dort gegen den äussern, so hier gegen den innern Feind? Und wenn in jenem Kampf die feige Flucht als Verrath an der gemeinschaftlichen Sache gilt, können wir ihr hier diesen Vorwurf ersparen? Recht und Gerechtigkeit gedeihen in einem Lande nicht schon dadurch allein, dass der Richter in Bereitschaft auf seinem Stuhle sitzt, und dass die Polizei ihre Häscher ausschickt, sondern Jeder muss für seinen Theil dazu mitwirken. Jeder hat den Beruf und die Verpflichtung, der Hydra der Willkür und der Gesetzlosigkeit, wo sie sich hervorwagt, den Kopf zu zertreten, Jeder, der die Segnungen des Rechtes geniesst, soll auch für seinen Theil dazu beitragen, die Macht und das Ansehen des Gesetzes aufrecht zu erhalten, kurz Jeder ist ein geborner Kämpfer um's Recht im Interesse der Gesellschaft.

Ich brauche nicht darauf aufmerksam zu machen, wie sehr durch diese meine Auffassung der Beruf des Einzelnen in Bezug auf die Geltendmachung seines Rechts geadelt wird. Sie setzt an Stelle des von unserer bisherigen Theorie gelehrten rein einseitigen, bloss receptiven Verhaltens dem Gesetz gegenüber ein Verhältniss der Gegenseitigkeit, in welchem der Berechtigte den Dienst, den das Gesetz ihm erweist, demselben in vollem Masse erwidert. Es ist die Mitarbeit an einer grossen nationalen Aufgabe, zu der sie ihm den

Beruf zuerkennt. Ob er selbst sie als solche erfasst, ist völlig gleich-gültig. Denn das ist das Grosse und Erhabene in der sittlichen Welt-ordnung, dass sie nicht bloss auf die Dienste derjenigen zählen kann, welche sie begreifen, sondern dass sie wirksame Mittel genug besitzt, um auch diejenigen, denen das Verständniss für ihre Gebote abgeht, ohne ihr Wissen und Wollen, zur Mitwirkung heranzuzie-hen. Um den Menschen zur Ehe zu nöthigen, dazu setzt sie bei dem Einen den edelsten aller menschlichen Triebe, bei dem Andern die rohe sinnliche Lust, bei dem Dritten die Bequemlichkeit, bei dem Vierten die Habsucht in Bewegung – aber alle diese Motive führen in die Ehe. So möge auch bei dem Kampf um's Recht den Einen das Interesse, den Andern der Schmerz über die widerfahrene Rechts-kränkung, den Dritten die Idee des Rechts auf den Kampfplatz ru-fen, – sie Alle reichen sich die Hand zum gemeinschaftlichen Werk, zum Kampf gegen die Willkür.

Wir haben hiermit den idealen Höhepunkt des Kampfes um's Recht erreicht. Aufsteigend von dem niedern Motiv des Interesses haben wir uns erhoben zu dem Gesichtspunkt der moralischen Selbsterhaltung der Person und sind schliesslich bei dem der Mit-wirkung des Einzelnen an der Verwirklichung der Rechtsidee im Interesse des Gemeinwesens angelangt.

In *meinem* Rechte ist das Recht gekränkt und negirt, wird es vert-heidigt, behauptet und wieder hergestellt. Welche hohe Bedeutung gewinnt damit der Kampf des Subjects um sein Recht! Wie tief un-ter der Höhe dieses idealen, weil allgemeinen Interesses am Rechte liegt die Sphäre des rein Individuellen, die Region der persönlichen Interessen, Zwecke, Leidenschaften, in denen der Unkundige die alleinigen Triebfedern des Rechtsstreites erblickt.

Aber diese Höhe, mag Mancher sagen, liegt so hoch, dass sie nur noch für den Rechtsphilosophen wahrnehmbar bleibt; Niemand führt einen Process um die Idee des Rechts. Ich könnte, um diese Behauptung zu widerlegen, auf das römische Recht verweisen, in welchem die Thatsächlichkeit dieses idealen Sinnes in dem Institut der Popularklagen[12] zum klarsten Ausdruck gelangt ist, allein wir

---

[12] Für diejenigen meiner Leser, die des Rechts nicht kundig sind, bemerke ich, dass diese Klagen (actiones populares) Jedem, der wollte, Gelegenheit gaben, als Vertreter des Gesetzes aufzutreten und den Verächter desselben zur

würden der Gegenwart Unrecht thun, wenn wir ihr diesen idealen Sinn absprechen wollten. Jeder, der beim Anblick der Vergewaltigung des Rechts durch die Willkür Entrüstung, sittlichen Zorn empfindet, besitzt ihn. Denn während sich dem Gefühl, welches die selbsterlittene Rechtskränkung hervorruft, ein egoistisches Motiv beimischt, hat jenes Gefühl ausschliesslich seinen Grund in der sittlichen Macht der Rechtsidee über das menschliche Gemüth; es ist der Protest der kräftigen sittlichen Natur gegen den Frevel am Recht, das schönste und erhebendste Zeugniss, welches das Rechtsgefühl von sich selber ablegen kann, – ein sittlicher Vorgang, gleich anziehend und ergibig für die Betrachtung des Psychologen wie für die Gestaltungskraft des Dichters. Meines Wissens gibt es keinen andern Affect, der so plötzlich eine so gewaltige Umwandlung im Menschen hervorzurufen vermag, denn es ist bekannt, dass gerade die mildesten, versöhnlichsten Naturen dadurch in einen Zustand der Leidenschaft versetzt werden können, der ihnen sonst völlig fremd ist – ein Beweis, dass sie in dem Edelsten, das sie in sich tragen, in ihrem innersten Mark getroffen sind. Es ist das Phänomen des Gewitters in der moralischen Welt: erhaben, majestätisch in seinen Formen, durch die Plötzlichkeit, Unmittelbarkeit, Heftigkeit seines Ausbruchs, durch das orkanartige, elementare, Alles vergessende und Alles vor sich darniederwerfende Walten der sittlichen

---

Verantwortung zu ziehen, und zwar nicht etwa bloss in solchen Fällen, wo es sich um Interessen des gesammten Publicums und somit auch des Klägers handelte, wie z. B. Störung, Gefährdung der öffentlichen Passage, sondern auch da, wo ein gegen eine Privatperson, die sich selber nicht wirksam vertheidigen konnte, verübtes Unrecht in Frage stand, so z. B. Uebervortheilung eines Minderjährigen bei einem Rechtsgeschäft, Untreue des Vormundes gegen den Mündel, Erpressung wucherischer Zinsen; über diese und andere Pälle s. meinen »Geist des römischen Rechts« III, Abth. 1, Aufl. 3, S. 111 f. Jene Klagen enthielten also eine Aufforderung an den idealen Sinn, der ohne alles eigene Interesse das Recht lediglich des Rechts wegen begehrt; einige derselben appellirten auch an das ganz ordinäre Motiv der Gewinnsucht, indem sie dem Kläger das vom Beklagten beizutreibende Strafgeld in Aussicht stellten, allein eben darum ruhte auf ihnen oder richtiger auf ihrer gewerbsmässigen Anstellung derselbe Makel wie bei uns auf Denunciationen zum Zweck der Erlangung von Denunciantengebüren. Wenn ich erwähne, dass die meisten Klagen der obigen zweiten Kategorie schon im spätern römischen Recht, die der ersten aber in unserm heutigen Recht verschwunden sind, so wird jeder meiner Leser wissen, welchen Schluss er daran zu knüpfen hat: Wegfall der Voraussetzung des gemeinnützigen Sinnes, auf den sie berechnet waren.

Kraft; und wiederum versöhnend und erhebend zugleich durch seine Impulse und seine Wirkungen – eine moralische Luftreinigung für das Subject wie für die Welt. Aber freilich, wenn die beschränkte Kraft des Subjects sich bricht an Einrichtungen, die der Willkür den Halt gewähren, den sie dem Recht versagen, dann schlägt der Sturm auf den Urheber selber zurück, und es harrt seiner entweder das Loos des Verbrechers aus verletztem Rechtsgefühl, von dem ich nachher reden werde, oder das nicht minder tragische, an dem Stachel, den das machtlos erlittene Unrecht in seinem Herzen, zurückgelassen hat, sich moralisch zu verbluten und den Glauben an das Recht zu verlieren.

Nun mag zwar dieser ideale Rechtssinn des Mannes, der den Frevel und Hohn gegen die Idee des Rechts lebhafter empfindet als die persönliche Verletzung und ohne alles eigene Interesse sich des unterdrückten Rechts annimmt, ganz so, als wäre es sein eigenes – nun mag zwar dieser Idealismus das Vorrecht edler angelegter Naturen bilden. Allein auch das kühle, jedes idealen Schwunges baare Rechtsgefühl, das in dem Unrecht nur sich selber fühlt, hat doch volles Verständniss für jenes von mir nachgewiesene Verhältniss zwischen dem concreten Recht und dem Gesetz, welches ich oben in dem Satze zusammengefasst habe: *mein* Recht ist *das* Recht, in *jenem* wird zugleich *dieses* verletzt und behauptet. Es klingt paradox und doch ist es wahr, dass gerade dem Juristen diese Auffassungsweise nicht sehr geläufig ist. Nach seiner Vorstellung geräth bei dem Streit um das concrete Recht das Gesetz gar nicht in Mitleidenschaft; es ist ja nicht das abstracte Gesetz, um das sich der Streit dreht, sondern seine Verkörperung in Gestalt dieses concreten Rechts, gewissermassen ein Lichtbild desselben, in dem es sich nur fixirt hat, in dem es aber nicht selber unmittelbar getroffen wird. Ich vermeine nicht, die *technische* Notwendigkeit dieser Auffassung in Abrede zu stellen, aber sie darf uns nicht abhalten, die Berechtigung der entgegengesetzten Anschauungsweise anzuerkennen, welche das Gesetz auf Eine Linie mit dem concreten Recht rückt und folgeweise in einer Gefährdung des letzteren zugleich eine Gefährdung des ersteren erblickt. Dem unbefangenen Rechtsgefühl liegt die letztere Anschauungsweise ungleich näher als die erste. Den besten Beweis dafür gibt die Ausprägung, welche sie sowohl in der deutschen als lateinischen Sprache erhalten hat. Bei einem Process wird bei uns vom Kläger das »*Gesetz* angerufen«, der Römer nannte die Klage »*legis actio*«. Das Gesetz selber ist in Frage gestellt, es ist ein Streit um's Gesetz, der in dem einzelnen Fall entschieden werden muss – eine Auffassung, welche insbesondere für das Verständniss des altrömischen Processes der Legisactionen von höchster Wichtigkeit ist.[13] Im Lichte dieser Vorstellung ist daher der Kampf um's Recht zugleich ein Kampf um's Gesetz, es handelt sich bei dem Streit nicht bloss um das Interesse des Subjects, um ein einzelnes Verhältniss, in dem das Gesetz sich verkörpert hat, ein Lichtbild, wie ich es nannte, in dem ein flüchtiger Lichtstrahl des Gesetzes aufgefangen und fixirt worden ist, und das man zerbrechen und zerstören kann, ohne das Gesetz selber zu treffen, sondern das Gesetz selbst ist missachtet, mit Füssen getreten; das Gesetz, wenn es nicht eitel Spiel und Phrase sein soll, muss sich behaupten – mit dem Recht des Verletzten stürzt das Gesetz zusammen.

Dass diese Vorstellungsweise, die ich kurz als Solidarität des Gesetzes mit dem concreten Recht bezeichnen will, das Verhältniss beider in seinem tiefsten Grunde erfasst und wiedergibt, habe ich oben ausgeführt. Gleichwohl aber liegt dieselbe keineswegs so tief und versteckt, dass sie nicht auch dem nackten, jeder höheren Auffassung unzugänglichen Egoismus verständlich wäre, ja gerade er hat vielleicht das schärfste Auge für sie, denn seinem Vortheil entspricht es, den Staat als Bundesgenossen für seinen Streit heranzuziehen. Und dadurch wird dann selbst er, ohne es zu wissen und zu wollen, über sich selbst und sein Recht hinaus gehoben auf jene Höhe, wo der Berechtigte zum Vertreter des Gesetzes wird. Die Wahrheit bleibt Wahrheit, auch wenn das Subject sie nur unter dem engen Gesichtswinkel seines eigenen Interesses erkennt und vertheidigt. Hass und Rachsucht sind es, die den Shylok vor Gericht führen, um sein Pfund Fleisch aus dem Leibe des Antonio zu schneiden, aber die Worte, die der Dichter ihn sprechen lässt, sind in seinem Munde eben so wahr wie in jedem andern. Es ist die Sprache, die das verletzte Rechtsgefühl an allen Orten und zu allen Zeiten stets reden wird; die Kraft, die Unerschütterlichkeit der Ueberzeugung, dass Recht doch Recht bleiben muss; der Schwung

---

[13] Keine Klage ohne Gesetz – das Weitere von mir ausgeführt in meinem »Geist des römischen Rechts« II, 2. § 47c.

und das Pathos eines Mannes, der sich bewusst ist, dass es sich bei
der Sache, für die er eintritt, nicht bloss um seine Person, sondern
um das Gesetz handelt. Das Pfund Fleisch, lässt Shakespeare ihn
sagen,

>>Das Pfund Fleisch, das ich verlange,
Ist theu'r gekauft, ist mein, und ich wills haben.
Wenn ihr versagt, pfui über euer Gesetz!
So hat das Recht Venedigs keine Kraft.
– – Ich fordre das Gesetz.
– – Ich steh' hier auf meinem Schein.<<

>>Ich fordre das *Gesetz*.<< Der Dichter hat mit diesen vier Worten
das wahre Verhältniss des Rechts im subjectiven zu dem im objectiven Sinn und die Bedeutung des Kampfes um's Recht in einer
Weise gezeichnet, wie kein Rechtsphilosoph es treffender hätte thun
können. Mit diesen Worten ist die Sache mit einem Male aus einem
Rechtsanspruch des Shylok zu einer Frage um das Recht Venedigs
geworden. Wie mächtig, wie riesig dehnt sich die Gestalt des Mannes aus, wenn er diese Worte spricht! Es ist nicht mehr der Jude, der
sein Pfund Fleisch verlangt, es ist das Gesetz Venedigs selber, das
an die Schranken des Gerichts pocht – denn *sein* Recht und das
Recht *Venedigs* sind eins; mit *seinem Recht* stürzt letzteres selber.
Und wenn er selber dann zusammenbricht unter der Wucht des
Richterspruches, der durch schnöden Witz sein Recht vereitelt,[14]

---

[14] Gerade darauf beruht in meinen Augen das hohe tragische Interesse, das
Shylok uns abnöthigt. Er ist in der That um sein Recht betrogen. So wenigstens
muss der Jurist die Sache ansehen. Dem Dichter steht natürlich frei, sich seine
eigene Jurisprudenz zu machen, und wir wollen es nicht bedauern, dass
Shakespeare dies hier gethan oder richtiger die alte Fabel unverändert
beibehalten hat. Aber wenn der Jurist dieselbe einer Kritik unterziehen will, so
kann er nicht anders sagen als: der Schein war an sich nichtig, da er etwas
Unsittliches enthielt; der Richter hätte denselben also von vornherein aus diesem
Grunde zurückweisen müssen. That er es aber nicht, liess der >>weise Daniel<<
denselben trotzdem gelten, so war es ein elender Winkelzug, ein kläglicher
Rabulistenkniff, dem Manne, dem er bereits das Recht zugesprochen hatte, vom
lebenden Körper ein Pfund Fleisch auszuschneiden, das damit nothwendig
verbundene Vergiessen des Blutes zu versagen. Ganz so gut könnte ein Richter
dem Servitutberechtigten das Recht zu gehen zuerkennen, ihm aber verbieten,
Fusstapfen auf dem Grundstücke zurückzulassen, weil dies bei der Bestellung

wenn er, verfolgt von bitterem Hohn, geknickt, gebrochen, mit schlotternden Knieen dahinwankt, wer kann sich des Gefühls erwehren, dass mit ihm das Recht Venedigs gebeugt worden ist, dass es nicht der Jude Shylok ist, der von dannen schleicht, sondern die typische Figur des Juden im Mittelalter, jenes Parias der Gesellschaft, der vergebens nach Recht schrie? Die gewaltige Tragik seines Schicksals beruht nicht darauf, dass ihm das Recht versagt wird, sondern darauf, dass er, ein Jude des Mittelalters, den Glauben an das Recht hat – man möchte sagen, gleich als wäre er ein Christ! – einen felsenfesten Glauben an das Recht, den nichts beirren kann, und den der Richter selber nährt; bis dann wie ein Donnerschlag die Katastrophe über ihn hereinbricht, die ihn aus seinem Wahn reisst und ihn belehrt, dass er nichts ist als der geächtete Jude des Mittelalters, dem man sein Recht gibt, indem man ihn darum betrügt.

Das Bild des Shylok ruft mir eine andere Gestalt vor die Seele, die nicht minder historische wie dichterische des Michael Kohlhaas, welche Heinrich von Kleist in seiner gleichnamigen Novelle mit ergreifender Wahrheit gezeichnet hat.[15] Shylok geht geknickt von dannen, seine Kraft ist gebrochen, widerstandslos fügt er sich dem Richterspruch. Anders Michael Kohlhaas. Nachdem alle Mittel, zu seinem in schnödester Weise missachteten Rechte zu gelangen, erschöpft sind, nachdem ein Act frevelhafter Cabinetsjustiz ihm den Rechtsweg verschlossen, und die Gerechtigkeit bis zu ihrem höchsten Repräsentanten, dem Landesherrn, hinauf sich offen auf die Seite des Unrechts gestellt hat, übermannt ihn das Gefühl unendlichen Wehes über den Frevel, den man mit ihm getrieben: »Lieber ein Hund sein, wenn ich von Füssen getreten werden soll, als ein Mensch« (S. 23), und sein Entschluss steht fest: »Wer mir den Schutz der Gesetze versagt, der stösst mich zu den Wilden der Einöde hin-

---

der Servitut nicht ausbedungen worden sei. Man möchte fast glauben, dass die Geschichte von Shylok schon im ältesten Rom gespielt habe; denn die Verfasser der zwölf Tafeln hielten es für nöthig, in Bezug auf das Zerfleischen des Schuldners (in partes secare) von Seiten der Gläubiger ausdrücklich zu bemerken, dass sie hinsichtlich der Grösse der Stücke freie Hand haben sollten. (Si plus minusve secuerint, sine fraude esto!) – lieber die Angriffe, welche die im Text vertretene Ansicht erfahren hat, siehe die Vorrede.

[15] Die folgenden Citate aus derselben beziehen sich auf die Tieck'sche Ausgabe der gesammelten Schriften des Dichters, Berlin 1826, B. 3.

aus, er gibt mir die Keule, die mich selbst schützt, in die Hand«
(S. 44). Er reisst der feilen Gerechtigkeit das besudelte Schwert aus
der Hand und schwingt es in einer Weise, dass Furcht und Entset-
zen sich weit im Lande verbreiten, das morsche Staatswesen in
seinen Fugen erbebt und der Fürst auf dem Thron erzittert. Aber es
ist nicht das wilde Gefühl der Rache, das ihn beseelt, er wird nicht
Räuber und Mörder wie Karl Moor, der »durch die ganze Natur das
Horn des Aufruhrs blasen möchte, um Luft, Erde und Meer wider
das Hyänengezücht in's Treffen zu führen«, der aus verletztem
Rechtsgefühl der ganzen Menschheit den Krieg erklärt; sondern es
ist eine sittliche Idee, die ihn treibt, die Idee, »er sei mit seinen Kräf-
ten der Welt in der *Pflicht* verfallen, sich Genugthuung für die erlittene Kränkung und seinen Mitbürgern Sicherheit gegen zukünftige
zu verschaffen« (S. 9). Ihr opfert er Alles, das Glück seiner Familie,
seinen geachteten Namen, Gut und Habe, Leib und Leben, und er
führt keinen ziellosen Vernichtungskrieg, sondern er richtet denselben nur gegen den Schuldigen und alle Diejenigen, welche mit ihm
gemeinschaftliche Sache machen. Und als ihm die Aussicht wird, zu
seinem Recht zu kommen, legt er freiwillig die Waffen aus der
Hand; aber als ob der Mann einmal ausersehen wäre, an seinem
Beispiele zu veranschaulichen, welches Maass der Schmach die
Recht- und Ehrlosigkeit damaliger Zeit auf sich zu laden vermochte,
so brach man ihm das freie Geleit und die Amnestie, und er endete
sein Leben auf dem Richtplatz. Aber vorher wird ihm noch sein
Recht, und der Gedanke, dass er nicht umsonst gestritten, dass er
das Recht wieder zu Ehren gebracht, dass er seine Würde als
Mensch behauptet hat, erhebt sein Herz über die Schrecknisse des
Todes; versöhnt mit sich, der Welt und Gott, folgt er gefasst und
willig dem Henker. Welche Betrachtungen knüpfen sich an dieses
Rechtsdrama! Ein Mann, rechtschaffen und wohlwollend, voller
Liebe für seine Familie, von kindlich frommem Sinn wird zu einem
Attila, der mit Feuer und Schwert die Stätte vernichtet, in die sein
Gegner sich geflüchtet hat. Und wodurch wird er es? Gerade durch
diejenige Eigenschaft, welche ihn sittlich so hoch über alle seine
Gegner stellt, die schliesslich über ihn triumphiren: durch seine
hohe Achtung vor dem Recht, seinen Glauben an die Heiligkeit
desselben, die Thatkraft seines echten, gesunden Rechtsgefühls.
Und gerade darauf beruht die tief erschütternde Tragik seines
Schicksals, dass eben das, was den Vorzug und den Adel seiner

Natur ausmacht: der ideale Schwung seines Rechtsgefühls, seine heroische, Alles vergessende und Alles opfernde Dahingabe an die Idee des Rechts im Contact mit der elenden damaligen Welt, dem Uebermuth der Grossen und Mächtigen und der Pflichtvergessenheit und Feigheit der Richter zu seinem Verderben ausschlägt. Was er verbrach, fällt mit verdoppelter und verdreifachter Wucht auf den Fürsten, seine Beamten und Richter zurück, die ihn gewaltsam aus der Bahn des Rechts in die der Gesetzlosigkeit drängten. Denn kein Unrecht, das der Mensch zu erdulden hat, und wiege es noch so schwer, reicht – wenigstens für das unbefangene sittliche Gefühl – von Weitem an das heran, welches die von Gott gesetzte Obrigkeit verübt, indem sie selber das Recht bricht. Der Justizmord, wie unsere Sprache treffend ihn bezeichnet, ist die wahre Todsünde des Rechts. Der Hüter und Wächter des Gesetzes verwandelt sich in dessen Mörder – es ist der Arzt, der den Kranken vergiftet, der Vormund, der den Mündel erdrosselt. Im alten Rom traf den bestochenen Richter Todesstrafe. Für die Justiz, welche das Recht gebrochen, gibt es keinen vernichtenderen Ankläger als die dunkle, vorwurfsvolle Gestalt des Verbrechers aus verletztem Rechtsgefühl – es ist ihr eigener blutiger Schatten. Das Opfer einer käuflichen oder parteiischen Justiz wird fast gewaltsam aus der Bahn des Rechts herausgestossen, wird Rächer und Vollstrecker seines Rechts auf eigene Hand und nicht selten, indem er über das nächste Ziel hinausschiesst, ein geschworner Feind der Gesellschaft, Räuber und Mörder. Aber auch derjenige, den seine edle, sittliche Natur gegen diesen Abweg schützt, wie Michael Kohlhaas, wird Verbrecher, und indem er die Strafe desselben erleidet, Märtyrer seines Rechtsgefühls. Man sagt, dass das Blut der Märtyrer nicht umsonst fliesse, und es mag sich das bei ihm bewahrheitet, und sein mahnender Schatten noch auf lange ausgereicht haben, um eine solche Vergewaltigung des Rechts, wie sie ihn getroffen hatte, unmöglich zu machen.

Wenn ich meinerseits diesen Schatten heraufbeschworen habe, so geschah es, um an einem ergreifenden Beispiel zu zeigen, welcher Abweg gerade dem kräftigen und ideal angelegten Rechtsgefühl in

Verhältnissen droht, wo die Unvollkommenheit der Rechtseinrichtungen ihm seine Befriedigung versagt.[16]

Da wird der Kampf für das Gesetz zu einem Kampf gegen das Gesetz. Das Rechtsgefühl, im Stich gelassen von der Macht, die es schützen sollte, verlässt selber den Boden des Gesetzes und sucht durch Selbsthülfe zu erlangen, was Unverstand, böser Wille, Ohnmacht ihm versagen. Und zwar sind es nicht bloss einzelne besonders kraftvoll oder gewaltthätig angelegte Naturen, in denen das nationale Rechtsgefühl seine Anklage und seinen Protest gegen derartige Rechtszustände erhebt, sondern diese Anklage und dieser Protest wiederholt sich mitunter von Seiten der ganzen Bevölkerung in gewissen Erscheinungen, die wir ihrer Bestimmung oder der Art nach, wie das Volk oder der bestimmte Stand sie betrachtet und in Anwendung bringt, als volksthümliche Surrogate und Seitenstücke der Einrichtungen des Staats bezeichnen können. Dahin gehören im Mittelalter die Vehmgerichte und das Fehderecht, die schwerwiegenden Zeugnisse für die Ohnmacht oder Parteilichkeit der damaligen Strafgerichte und für die Machtlosigkeit der Staatsgewalt; in der Gegenwart das Institut des Duells, der thatsächliche Beweis, dass die Strafen, welche der Staat gegen die Ehrverletzung verhängt, dem empfindlichen Ehrgefühl gewisser Klassen der Gesellschaft kein Genüge leisten. Dahin gehört die Blutrache der Corsicaner und die Volksjustiz in Nordamerika, das sogenannte Lynch-

---

[16] In neuer, seinem Vorgänger Kleist gegenüber völlig selbständiger und höchst ergreifender Weise hat dies Thema Karl Emil Pranzos in seinem, durch meine Schrift veranlassten Roman: Ein Kampf um's Recht, Breslau 1882, behandelt. Michael Kohlhaas wird durch die schnöde Missachtung seines eigenen Rechts in die Schranken gerufen, der Held dieses Romans durch die des Rechts seiner Gemeinde, deren Aeltester er ist, und das er durch alle legalen Mittel mit grösster Aufopferung, aber vergebens zur Anerkennung zu bringen gesucht hat. Das Motiv zu diesem Kampf um's Recht liegt also noch in einer höheren Region als bei Michael Kohlhaas, es ist der Rechtsidealismus, der für sich selber gar nichts, alles nur für Andere begehrt. Der Zweck meiner Schrift verstattet mir nicht, die Meisterschaft, mit welcher der Verfasser seine Aufgabe gelöst hat, in's gebürende Licht zu setzen, aber ich kann doch nicht unterlassen, den Leser, der sich für das Thema, das ich im Text behandelt habe, interessirt, auf diese dichterische Behandlung desselben auf's angelegentlichste aufmerksam zu machen. Sie bildet ein würdiges Seitenstück zum Michael Kohlhaas von Kleist, ein Seelengemälde von einer Wahrheit und erschütternden Kraft, das Niemand, ohne aufs höchste ergriffen zu sein, aus der Hand legen kann.

gesetz. Sie alle bezeugen, dass die Einrichtungen des Staats sich mit dem Rechtsgefühl des Volkes oder Standes nicht im Einklang befinden; jedenfalls enthalten sie einen Vorwurf für ihn, entweder den, dass er sie nöthig macht, oder den, dass er sie duldet. Für den Einzelnen können sie, wenn das Gesetz sie zwar verboten, aber thatsächlich nicht zu unterdrücken vermocht hat, die Quelle eines schweren Conflicts werden. Der Corsicaner, der in Befolgung des Staatsgebots sich der Blutrache enthält, ist bei den Seinigen geächtet; derjenige, der unter dem Druck der volksthümlichen Rechtsansicht ihr nachgibt, verfällt dem rächenden Arm der Justiz. Ebenso bei unserm Duell. Wer es ablehnt in Verhältnissen, die dasselbe zu einer Ehrenpflicht machen, schädigt seine Ehre, wer es vollzieht, wird bestraft – eine Lage, für den Einzelnen wie für den Richter in gleicher Weise peinlich. Im alten Rom sehen wir uns vergebens nach analogen Erscheinungen um; die Einrichtungen des Staats und das nationale Rechtsgefühl befanden sich im vollen Einklang.

Ich bin hiermit am Ende meiner Betrachtungen über den Kampf des Einzelnen um sein Recht. Wir sind ihm gefolgt in der Stufenleiter der Motive, die denselben herbeiführen, von dem untersten des reinen Interessencalcüls aufsteigend zu dem idealeren der Behauptung der Persönlichkeit und ihrer ethischen Lebensbedingungen, um schliesslich anzulangen bei dem Gesichtspunkt der Verwirklichung der Idee der Gerechtigkeit, – der höchsten Spitze, von der aus ein Fehltritt den Verbrecher aus verletztem Rechtsgefühl in den Abgrund der Gesetzlosigkeit stürzt.

Aber das Interesse dieses Kampfes ist keineswegs auf das Privatrecht oder das Privatleben beschränkt, es reicht vielmehr weit über dasselbe hinaus. Eine Nation ist schliesslich nur die Summe aller einzelnen Individuen, und wie die einzelnen Individuen fühlen, denken, handeln, so fühlt, denkt, handelt die Nation. Zeigt sich das Rechtsgefühl der Einzelnen in den Verhältnissen des Privatrechts stumpf, feige, apathisch, findet es wegen der Hemmnisse, welche ungerechte Gesetze oder schlechte Einrichtungen ihm entgegensetzen, keinen Spielraum, sich frei und kräftig zu entfalten, trifft es Verfolgung, wo es Unterstützung und Förderung erwarten durfte, gewöhnt es sich in Folge davon daran, das Unrecht zu erdulden und als Etwas zu betrachten, was sich einmal nicht ändern lasse: wer möchte glauben, dass ein solches geknechtetes, verkümmertes, apathisches Rechtsgefühl sich plötzlich zur lebendigen Empfindung und zur energischen That sollte aufraffen können, wenn es eine Rechtsverletzung gilt, die nicht den Einzelnen, sondern das ganze Volk trifft: ein Attentat auf seine politische Freiheit, den Bruch oder Umsturz seiner Verfassung, den Angriff des äusseren Feindes? Wer nicht einmal gewohnt gewesen ist, sein eigenes Recht muthig zu vertheidigen, wie soll der den Drang empfinden, für das der Gesammtheit willig sein Leben und seine Habe einzusetzen? Wer kein Verständniss gezeigt hat für den idealen Schaden, den er an seiner Ehre und Person erlitt, indem er aus Bequemlichkeit oder Feigheit sein gutes Recht preisgab, wer gewohnt war, in Dingen des Rechts bloss den Maassstab des materiellen Interesses anzulegen: wie kann man von dem erwarten, dass er einen andern Massstab zur Anwendung bringe und anders empfinde, wenn es das Recht und die Ehre der Nation gilt? Woher sollte hier plötzlich der Idealismus der Gesinnung kommen, der sich bisher stets verläugnet hat? Nein! der

Kämpfer um das Staatsrecht und Völkerrecht ist kein anderer als der um's Privatrecht; dieselben Eigenschaften, die er in den Verhältnissen des letzteren sich angeeignet hat, begleiten ihn auch in den Kampf um die bürgerliche Freiheit und gegen den äussern Feind – was gesäet ist im Privatrecht, trägt seine Früchte im Staatsrecht und Völkerrecht. In den Niederungen des Privatrechts, in den kleinen und kleinsten Verhältnissen des Lebens muss tropfenweis sich jene Kraft bilden und sammeln, sich jenes moralische Kapital anhäufen, dessen der Staat bedarf, um für seine Zwecke im Grossen damit operiren zu können. Das Privatrecht, nicht das Staatsrecht ist die wahre Schule der politischen Erziehung der Völker, und will man wissen, wie ein Volk erforderlichen Falls seine politischen Rechte und seine völkerrechtliche Stellung vertheidigen wird, so sehe man zu, wie das einzelne Mitglied im Privatleben sein eigenes Recht behauptet. Ich habe bereits oben das Beispiel des kampflustigen Engländers angeführt, und ich kann hier nur wiederholen, was ich dort gesagt: in dem Gulden, um den er hartnäckig streitet, steckt die politische Entwicklung Englands. Einem Volke, bei dem es allgemeine Uebung ist, dass Jeder auch im Kleinen und Kleinsten sein Recht tapfer behauptet, wird Niemand wagen, das Höchste, was es hat, zu entreissen, und es ist daher kein Zufall, dass dasselbe Volk des Alterthums, welches im Innern die höchste politische Entwicklung und nach Aussen hin die grösste Kraftentfaltung aufzuweisen hat, das römische, zugleich das ausgebildetste Privatrecht besass. Recht ist Idealismus, so paradox es klingen mag. Nicht Idealismus der Phantasie, aber des Charakters, d. h. des Mannes, der sich als Selbstzweck fühlt und alles Andere gering achtet, wenn er in diesem seinem innersten Kern verletzt wird. Von wem dieser Angriff auf seine Rechte ausgeht: ob von einem Einzelnen, von der eigenen Regierung, von einem fremden Volk – was verschlägt es ihm? Ueber den Widerstand, den er diesen Angriffen entgegensetzt, entscheidet nicht die Person des Angreifenden, sondern die Energie seines Rechtsgefühls, die moralische Kraft, mit der er sich selbst zu behaupten pflegt. Darum ist der Satz ein ewig wahrer: Die politische Stellung eines Volkes nach Innen und nach Aussen entspricht stets seiner moralischen Kraft – das Reich der Mitte mit seinem Bambus, der Ruthe für erwachsene Kinder, wird trotz seiner Hunderte von Millionen den fremden Nationen gegenüber niemals die geachtete völkerrechtliche Stellung der kleinen Schweiz einnehmen.

Das Naturell der Schweizer ist im Sinne der Kunst und Poesie gewiss nichts weniger als ideal, es ist nüchtern, praktisch wie das der Römer. Aber in dem Sinn, in dem ich bisher den Ausdruck »ideal« in Beziehung auf das Recht gebraucht habe, passt derselbe auf den Schweizer ganz so gut wie auf den Engländer. Dieser Idealismus des gesunden Rechtsgefühls würde sein eigenes Fundament untergraben, wenn er sich darauf beschränkte, lediglich sein eigenes Recht zu vertheidigen, ohne im Uebrigen an der Aufrechthaltung von Recht und Ordnung weitern Antheil zu nehmen. Er weiss nicht bloss, dass er in seinem Recht das Recht, sondern auch, dass er in dem Recht sein Recht vertheidigt. In einem Gemeinwesen, wo diese Stimmung, dieser Sinn für strenge Gesetzlichkeit der herrschende ist, wird man sich vergebens nach jener betrübenden Erscheinung umsehen, die anderwärts so häufig ist, dass nämlich die Masse des Volks, wenn die Behörde den Verbrecher oder Uebertreter des Gesetzes verfolgt oder zur Haft bringen will, die Partei des letzteren ergreift, d. h. in der Staatsgewalt den natürlichen Gegner des Volks erblickt. Jeder weiss hier, dass die Sache des Rechts auch die seinige ist – mit dem Verbrecher sympathisirt hier nur der Verbrecher selbst, nicht der ehrliche Mann, letzterer leistet vielmehr bereitwillig der Polizei und der Obrigkeit hülfreiche Hand.

Ich werde kaum nöthig haben, die Schlussfolgerung, die ich an das Gesagte knüpfe, in Worte zu fassen. Es ist der einfache Satz: für einen Staat, der geachtet dastehen will nach Aussen, fest und unerschüttert im Innern, gibt es kein kostbareres Gut zu hüten und zu pflegen, als das nationale Rechtsgefühl. Diese Sorge ist eine der höchsten und wichtigsten Aufgaben der politischen Pädagogik. In dem gesunden, kräftigen Rechtsgefühl jedes Einzelnen besitzt der Staat die ergiebigste Quelle seiner eigenen Kraft, die sicherste Garantie seines eigenen Bestehens nach Innen wie nach Aussen. Das Rechtsgefühl ist die Wurzel des ganzen Baumes; taugt die Wurzel nichts, verdorrt sie in Gestein und ödem Sand, so ist alles Andere Blendwerk– wenn der Sturm kommt, wird der ganze Baum entwurzelt. Aber der Stamm und die Krone haben den Vorzug, dass man sie sieht, während die Wurzeln im Boden stecken und sich dem Blicke entziehen. Der zersetzende Einfluss, den ungerechte Gesetze und schlechte Rechtseinrichtungen auf die moralische Kraft des Volks ausüben, spielt unter der Erde, in jenen Regionen, die so mancher politische Dilettant nicht seiner Beachtung werth hält; ihm kommt es bloss auf die stattliche Krone an, von dem Gift, das aus der Wurzel in die Krone steigt, hat er keine Ahnung. Aber der Despotismus weiss, wo er ansetzen muss, um den Baum zu Fall zu bringen; er lässt die Krone zunächst unangetastet, aber er zerstört die Wurzeln. Mit Eingriffen in das Privatrecht, mit der Rechtlosigkeit des Individuums hat jeder Despotismus begonnen; hat er hier seine Arbeit vollendet, so stürzt der Baum von selbst. Darum gilt es ihm hier vor Allem entgegenzutreten, und die Römer wussten wohl, was sie thaten, als sie Attentate auf die weibliche Keuschheit und Ehre zum Anlass nahmen, um dem Königthum und dem Decemvirat ein Ende zu machen. Das freie Selbstgefühl der Bauern zerstören durch Lasten und Frohnden, den Bürger unter die Vormundschaft der Polizei stellen, die Erlaubniss zu einer Reise an die Gewährung eines Passes knüpfen, die Steuern vertheilen nach Lust und Gnade– ein Machiavell hätte kein besseres Recept geben können, um alles männliche Selbstgefühl und alle sittliche Kraft im Volk zu ertödten und dem Despotismus einen widerstandslosen Eingang zu sichern. Dass dasselbe Thor, durch welches der Despotismus und die Willkür einziehen, auch dem auswärtigen Feind offen steht, wird freilich dabei nicht in Anschlag gebracht, und erst wenn er da ist, kommen die Weisen zu der verspäteten Erkenntniss, dass die sittliche Kraft und das Rechtsgefühl eines Volks dem äussern Feind gegenüber die wirksamste Schutzwehr hätten bilden können. In derselben Zeit, als der Bauer und Bürger Gegenstand feudaler und absolutistischer Willkür war, gingen Lothringen und Elsass für das deutsche Reich verloren – wie konnten ihre Bewohner und ihre Brüder im Reich für das Reich fühlen, da sie verlernt hatten, sich selber zu fühlen!

Aber es ist unsere eigene Schuld, wenn wir die Lehren der Geschichte erst verstehen, nachdem es zu spät ist; an ihr liegt es nicht, dass wir sie nicht rechtzeitig erfahren, denn sie predigt dieselben jederzeit laut und vernehmlich. Die Kraft eines Volkes ist gleichbedeutend mit der Kraft seines Rechtsgefühls, Pflege des nationalen Rechtsgefühls ist Pflege der Gesundheit und Kraft des Staats. Unter dieser Pflege verstehe ich selbstverständlich nicht die theoretische in Schule und Unterricht, sondern die praktische Durchführung der Grundsätze der Gerechtigkeit in allen Lebensverhältnissen. Mit dem äusseren Mechanismus des Rechts allein ist es nicht gethan. Derselbe kann so vollkommen hergestellt sein und gehandhabt werden, dass die höchste Ordnung regiert, und dennoch kann die obige Anforderung in glänzendster Weise missachtet sein. Gesetz und Ordnung war auch die Leibeigenschaft, der Schutzzoll des Juden und so viele andere Sätze und Einrichtungen einer hinter uns liegenden Zeit, die mit den Anforderungen eines gesunden kräftigen Rechtsgefühls im schroffsten Widerspruch standen, und durch welche der Staat sich selber vielleicht noch mehr schädigte als den Bürger, Bauern, Juden, auf denen sie zunächst lasteten. Festigkeit, Klarheit, Bestimmtheit des materiellen Rechts, Beseitigung aller Sätze, an denen ein gesundes Rechtsgefühl Anstoss nehmen muss, in allen Sphären des Rechts, nicht bloss des Privatrechts, sondern der Polizei, der Verwaltung, der Finanzgesetzgebung; Unabhängigkeit der Gerichte, möglichste Vervollkommnung der processualischen Einrichtungen – das ist für den Staat der gebotene Weg, um das Rechtsgefühl seiner Angehörigen und damit seine eigene Kraft zur vollen Entfaltung zu bringen. Jede vom Volke als solche empfundene ungerechte Bestimmung oder gehässige Einrichtung ist eine Schädigung des nationalen Rechtsgefühls und damit der nationalen Kraft, eine Versündigung gegen die Idee des Rechts, die auf den Staat selbst zurückschlägt, und die er oft theuer mit Zinseszinsen bezahlen muss – sie können ihm unter Umständen eine Provinz kosten! Ich bin freilich nicht der Ansicht, dass der Staat lediglich wegen solcher Zweckmässigkeitsrücksichten diese Sünden vermeiden soll, ich betrachte es vielmehr als seine heiligste Pflicht, diese Idee um ihrer selbst willen zu verwirklichen; aber das ist vielleicht doctrinärer Idealismus, und ich will es dem praktischen Politiker und Staatsmann nicht verdenken, wenn er eine solche Zumuthung achselzuckend abweist. Aber eben darum habe ich ihm gegenüber die praktische Seite der Frage hervorgekehrt, für die er das volle Verständniss hat. Die Idee des Rechts und das Interesse des Staates gehen hier Hand in Hand. Einem schlechten Recht ist auf die Dauer kein noch so gesundes Rechtsgefühl gewachsen, es stumpft sich ab, verkümmert, verkommt. Denn das Wesen des Rechts ist, wie schon öfter bemerkt, die That, – was der Flamme die freie Luft, ist dem Rechtsgefühl die Freiheit der That; ihm dieselbe verwehren oder verkümmern heisst es ersticken.

Ich könnte hiermit meine Schrift abschliessen, denn mein Thema ist erschöpft. Der Leser aber möge mir verstatten, dass ich seine Aufmerksamkeit noch für eine Frage in Anspruch nehme, die mit dem Gegenstand der Schrift eng zusammenhängt, es ist die: in wie weit unser heutiges Recht oder genauer das heutige gemeine römische Recht, über das allein ich mir getraue ein Urtheil abzugeben, den von mir im Bisherigen entwickelten Anforderungen entspricht. Ich nehme keinen Anstand, diese Frage mit aller Entschiedenheit zu verneinen. Dasselbe bleibt hinter den berechtigten Ansprüchen eines gesunden Rechtsgefühls weit zurück, und zwar nicht etwa, weil es bloss hie und da nicht das Richtige getroffen hätte, sondern weil es im Ganzen und Grossen von einer Anschauungsweise beherrscht ist, die zu dem, was nach meinen obigen Ausführungen gerade das Wesen des gesunden Rechtsgefühls ausmacht – ich meine damit jenen Idealismus, der in der Rechtsverletzung nicht bloss einen Angriff auf das Object, sondern auf die Person selber erblickt –, in diametralem Gegensatze steht. Unser gemeines Recht bietet diesem Idealismus nicht die geringste Unterstützung; der Maassstab, mit dem es alle Rechtsverletzungen, mit Ausnahme der Ehrenkränkung, misst, ist lediglich der des materiellen Werthes – es ist der nüchterne, platte Materialismus, der in demselben zur vollendeten Ausprägung gelangt ist.

Aber was soll das Recht dem Verletzten anders gewähren, wenn es sich um Mein und Dein handelt, als das Streitobject oder seinen Betrag?[17] Wäre das richtig, so könnte man auch den Dieb entlassen, wenn er die gestohlene Sache herausgegeben hat. Aber der Dieb, wendet man ein, vergeht sich nicht bloss gegen den Bestohlenen, sondern auch gegen die Gesetze des Staats, gegen die Rechtsordnung, gegen das Sittengesetz. Thut das der Schuldher weniger, der wissentlich das gegebene Darlehen in Abrede stellt, oder der Verkäufer, der Vermiether, der den Vertrag bricht, der Mandatar, der das Vertrauen, das ich ihm geschenkt habe, dazu missbraucht, mich zu übervortheilen? Ist es eine Genugthuung für mein verletztes Rechtsgefühl, wenn ich von allen diesen Personen nach langem

---

[17] So habe ich selbst früher die Sache angesehen, s. mein Schuldmoment im römischen Privatrecht, Giessen 1867, S. 61. (Vermischte Schriften, Leipzig 1879, S. 229). Dass ich jetzt darüber anders denke, verdanke ich der längeren Beschäftigung mit dem gegenwärtigen Thema.

Kampfe nichts weiter erhalte, als was mir von Anfang an gebürte? Aber ganz abgesehen von diesem Verlangen nach Genugthuung, das ich keinen Anstand nehme für ein ganz berechtigtes anzuerkennen, welche Verrückung des natürlichen Gleichgewichtes zwischen beiden Parteien! Die Gefahr, die der ungünstige Ausgang des Processes ihnen droht, besteht für die eine darin, dass sie das Ihrige verliert, für die andere bloss darin, dass sie das unrechtmässiger Weise Vorenthaltene herausgeben muss, der Vortheil, den der günstige Ausgang ihnen in Aussicht stellt, für die eine darin, dass sie Nichts einbüsst, für die andere darin, dass sie sich auf Kosten des Gegners bereichert. Heisst das nicht geradezu, die schaamlose Lüge herausfordern und eine Prämie auf Begehung von Treulosigkeiten setzen? Damit habe ich aber in der That nur unser heutiges Recht gekennzeichnet. Ich werde später Gelegenheit haben, dies Urtheil zu begründen, ich glaube aber, dass mir dies um so leichter werden dürfte, wenn wir vorher des Gegensatzes wegen der Stellung gedenken, welche das römische Recht zu dieser Frage eingenommen hat.

Ich unterscheide in dieser Beziehung drei Entwicklungsstufen desselben. Die erste ist die des, wenn ich so sagen soll, in seiner Heftigkeit noch völlig maasslosen, nicht zur Selbstbeherrschung gelangten Rechtsgefühls im älteren Recht, die zweite Periode ist die der maassvollen Kraft desselben im mittleren Recht, die dritte die der Abschwächung und Verkümmerung desselben in der späteren Kaiserzeit, speciell im Justinianischen Recht.

Ueber die Gestalt, welche die Sache auf jener niedersten Entwicklungsstufe an sich trägt, habe ich bereits früher Untersuchungen angestellt und veröffentlicht,[18] deren Resultat ich hier in wenig Worte zusammendränge. Das reizbare Rechtsgefühl der älteren Zeit erfasst jede Verletzung oder Bestreitung des eigenen Rechts unter dem Gesichtspunkte des subjectiven Unrechts, ohne dabei die Schuldlosigkeit oder das Maass der Verschuldung des Gegners in Anschlag zu bringen, und verlangt dementsprechend eine Sühne gleichmässig von dem Unschuldigen wie dem Schuldigen. Wer die klare Schuld (*nexum*) oder die von ihm dem Gegner zugefügte Sachbeschädigung in Abrede stellt, zahlt im Unterliegungsfalle das

---

[18] In meiner in der vorigen Note citirten Schrift, S. 8-20.

Doppelte, ebenso hat, wer im Vindicationsprocess als Besitzer die Früchte gezogen, dieselben doppelt zu vergüten, während ihn ausserdem noch für das Unterliegen in der Hauptsache der Verlust des Processwettgeldes (*sacramentum*) trifft. Dieselbe Strafe erleidet der Kläger, wenn er den Process verliert, denn er hat fremdes Gut in Anspruch genommen; hat er sich in dem Betrage der eingeklagten, im übrigen völlig begründeten Schuld um ein Minimum geirrt, so verwirkt er den ganzen Anspruch.[19]

---

[19] Andere Beispiele s. S. 14 der zuletzt citirten Schrift.

Von diesen Einrichtungen und Sätzen des älteren Rechts ist Manches in das neuere hinübergenommen, aber die selbstständigen neuen Schöpfungen desselben athmen einen völlig anderen Geist.[20] Er lässt sich mit Einem Wort charakterisiren: Aufstellung und Anwendung des Maassstabes der Verschuldung auf alle Verhältnisse des Privatrechts. Das objective und das subjective Unrecht werden streng geschieden, ersteres zieht bloss die einfache Restitution des schuldigen Gegenstandes, dieses ausserdem noch eine Strafe nach sich, bald eine Geldstrafe, bald Ehrlosigkeit, und gerade diese Beibehaltung der Strafen innerhalb der richtigen Grenzen ist einer der gesundesten Gedanken des mittleren römischen Rechts. Dass ein Depositar, der die Treulosigkeit begangen hatte, das Depositum abzuläugnen oder vorzuenthalten, dass der Mandatar oder Vormund, der seine Vertrauensstellung zu seinem eigenen Vortheil ausgebeutet oder seine Pflicht wissentlich hintangesetzt hatte, sich mit blosser Herausgabe der Sache oder einfachem Schadenersatz sollte loskaufen können, wollte dem Römer nicht in den Sinn, er verlangte ausserdem noch eine Bestrafung desselben, einmal als Genugthuung des verletzten Rechtsgefühls und sodann zum Zweck der Abschreckung Anderer von ähnlichen Schlechtigkeiten. Unter den Strafen, die man in Anwendung brachte, stand oben an die Infamie – in den römischen Verhältnissen eine der schwersten, die sich denken liess, denn sie zog ausser der socialen Aechtung, die sie herbeiführte, den Verlust aller politischen Rechte nach sich: den politischen Tod. Sie trat überall ein, wo die Rechtsverletzung sich als besondere Treulosigkeit charakterisiren liess. Dazu kamen hinzu die Vermögensstrafen, von denen man einen ungleich ausgiebigeren Gebrauch machte als bei uns. Wer in ungerechter Sache es zum Process kommen liess oder selber ihn erhob, für den war ein ganzes Arsenal von derartigen Schreckmitteln in Bereitschaft; sie begannen mit Bruchtheilen des Werthes des Streitobjects ($1/10$ $1/5$, $1/4$, $1/3$), stiegen bis zum Mehrfachen desselben und steigerten sich unter Umständen, wo der Trotz des Gegners in keiner andern Weise zu brechen war, sogar in's Unbegrenzte, d. h. auf den Betrag, den der Kläger eidlich als Satisfaction festzustellen für gut fand. Insbesondere waren es zwei processualische Einrichtungen, die dem Beklagten die Alternative stellten, entweder ohne weitere nachtheilige Folgen

---

[20] Darüber handelt der zweite Abschnitt der obigen Schrift, S. 20 u. f.

von seinem Unterfangen abzustehen, oder aber sich der Gefahr auszusetzen, einer absichtlichen Uebertretung des Gesetzes schuldig befunden und demzufolge bestraft zu werden: die prohibitorischen Interdicte des Prätors und die *actiones arbitrariae*. Leistete er dem Gebot, das der Magistrat oder Richter an ihn richtete, keine Folge, so wurden letztere in Mitleidenschaft gezogen; es stand fortan nicht mehr das Recht des Klägers, sondern das Gesetz in der Auctorität seiner Vertreter in Frage, und die Missachtung desselben ward durch Geldstrafen gesühnt, die dem Kläger zugute kamen.

Der Zweck aller dieser Strafen war derselbe wie der der Strafe im Criminalrecht. Einmal nämlich der rein praktische, die Interessen des Privatlebens auch gegen solche Verletzungen sicherzustellen, die nicht unter den Begriff des Verbrechens fallen, sodann aber auch der ethische, dem verletzten Rechtsgefühl Genugthuung zu verschaffen, die missachtete Autorität des Gesetzes wieder zu Ehren zu bringen. Das Geld war also dabei nicht Selbstzweck, sondern nur Mittel zum Zweck.[21]

In meinen Augen ist diese Gestalt der Sache im mittleren römischen Rechte eine mustergültige. Gleich weit entfernt von dem Extrem des älteren Rechts, welches das objective Unrecht über den Leisten des subjectiven schlug, sowie von dem entgegengesetzten unseres heutigen, welches im Civilprocess das subjective ganz auf das Niveau des objectiven herabgedrückt hat, gewährte es den berechtigten Forderungen eines gesunden Rechtsgefühls volle Befriedigung, indem es nicht bloss beide Arten des Unrechts streng von einander unterschied, sondern innerhalb des Rahmens des subjectiven alle Schattirungen desselben in Bezug auf die Form, die Art, das Gewicht der Verletzung mit feinstem Verständniss accentuirte.

---

[21] In besonders scharfer Weise ist dies accentuirt bei den sog. actiones vindictam spirantes. Der ideale Gesichtspunkt, dass es sich bei ihnen nicht um Geld und Gut, sondern um eine Satisfaction des verletzten Rechts- und Persönlichkeitsgefühls handelt (»magis vindictae, quam pecuniae habet rationem«, l. 2, § 4 de coll. bon. 37, 6) ist mit voller Consequenz durchgeführt. Darum werden sie den Erben versagt, darum können sie nicht cedirt und im Fall des Concurses nicht von den Massegläubigern angestellt werden, darum erlöschen sie in verhältnissmässig kurzer Zeit, darum finden sie nicht statt, wenn sich gezeigt hat, dass der Verletzte das gegen ihn begangene Unrecht gar nicht empfunden hat (»ad animum suum non revocaverit«, l. 11, § 1 de injur. 47, 10).

Indem ich mich der letzten Entwicklungsstufe des römischen Rechts, wie sie in der Justinianischen Compilation ihren Abschluss gefunden hat, zuwende, drängt sich mir unwillkürlich die Bemerkung auf, von welcher Bedeutung doch wie für das Leben des Einzelnen so auch für das der Völker das Erbrecht ist. Was wäre das Recht dieser sittlich und politisch gänzlich verkommenen Zeit, wenn sie selber es hätte schaffen sollen! Aber gleichwie so mancher Erbe, der durch eigene Kraft sich kaum nothdürftig das Leben würde fristen können, von dem Reichthum des Erblassers lebt, so zehrt auch ein mattes, heruntergekommenes Geschlecht noch lange von dem geistigen Kapital der vorhergehenden kraftvollen Zeit. Ich meine dies nicht bloss in dem Sinn, dass es ohne eigene Mühe die Früchte fremder Arbeit geniesst, sondern vornehmlich in dem Sinn, dass die Werke, Schöpfungen, Einrichtungen der Vergangenheit, wie sie aus einem bestimmten Geist hervorgegangen sind, so auch denselben noch eine gewisse Zeit hindurch zu erhalten und neu zu erzeugen vermögen; es steckt in ihnen ein Vorrath gebundener Kraft, die sich bei dem persönlichen Contact mit ihnen wieder in lebendige Kraft umsetzt. In diesem Sinn konnte auch das Privatrecht der Republik, in dem sich das kernige, kräftige Rechtsgefühl des altrömischen Volks objectivirt hatte, der Kaiserzeit noch eine geraume Weile den Dienst einer belebenden und erfrischenden Quelle leisten; es war in der grossen Wüste der späteren Welt die Oase, in der allein noch frisches Wasser quoll. Aber dem versengenden Samumhauch des Despotismus war auf die Dauer kein selbstständiges Leben gewachsen, und das Privatrecht allein vermochte einen Geist nicht zu bannen und zu behaupten, der überall sonst geächtet war, – er wich auch hier, wenn auch zu allerletzt, dem Geist der neuen Zeit. Er hat eine seltsame Signatur, dieser Geist der neuen Zeit! Man sollte erwarten, dass er die Züge des Despotismus an sich trüge: Strenge, Härte, Rücksichtslosigkeit; allein sein Gesichtsausdruck ist der gerade entgegengesetzte: Milde und Menschlichkeit. Aber diese Milde selber ist eine despotische, sie raubt dem Einen, was sie dem Andern schenkt – es ist die Milde der Willkür und Laune, nicht die der Menschlichkeit – der Katzenjammer der Gewaltthätigkeit, die das Unrecht, das sie begangen hat, durch ein anderes wieder gut zu machen sucht. Es ist nicht dieses

Orts, alle einzelnen Belege, welche sich für diese Behauptung dar-
bieten, aufzuzählen,[22] es genügt in meinen Augen, wenn ich einen
besonders significanten und ein reiches historisches Material in sich
schliessenden Charakterzug hervorhebe, es ist dies die dem Schuldner auf Kosten des Gläubigers bewiesene Milde und Nachsicht.[23]
Ich glaube, dass man die ganz allgemeine Bemerkung aufstellen
kann: es ist das Zeichen einer schwachen Zeit mit dem Schuldner zu
sympathisiren. Sie selber nennt das Humanität. Eine kräftige Zeit
sorgt vor Allem dafür, dass der Gläubiger zu seinem Recht komme,

---

[22] Zu ihnen gehört u. a. die Beseitigung der schärfsten der Processstrafen (s.
meine Schrift S. 58) – die gesunde Strenge der alten Zeit missfiel der weichlichen
Schwäche der spätern.

[23] Belege dazu bieten die Bestimmungen Justinians, wodurch er den Bürgen die
Einrede der Vorausklage, den Correalschuldnern die Einrede der Theilung
gewährt, für den Verkauf des Pfandes die unsinnige Frist von zwei Jahren
festsetzt und dem Schuldner nach erfolgtem Eigenthumszuschlag des Pfandes
noch eine zweijährige Einlösungsfrist, ja sogar nach Ablauf derselben noch einen
Anspruch auf den Mehrerlös der vom Gläubiger verkauften Sache vorbehält; die
ungebührliche Ausdehnung des Compensationsrechts, die datio in solutum,
sowie das Privilegium der Kirchen bei derselben, die Beschränkung der
Interessenklagen bei contractlichen Verhältnissen auf das Doppelte, die
widersinnige Ausdehnung des Verbots der usurae supra alterum tantum, die
dem Erben beim benef. inventarii eingeräumte paschamässige Stellung in Bezug
auf die Befriedigung der Gläubiger. Der durch Majoritätsbeschluss der
Gläubiger zu erzwingenden Stundung, die ebenfalls von Justinian herrührt, war
bereits als würdiges Vorbild das zuerst bei Constantin auftauchende Institut der
Moratorien vorausgegangen, und auch an der querela non numeratae pecuniae
und der sog. cautio indiscreta sowie an der lex Anastasiana muss er das
Verdienst der Erfindung seinen Vorgängern im Reich überlassen, während der
Ruhm, als der Erste auf dem Thron die Personalexecution in ihrer ganzen
angeblichen Unmenschlichkeit erkannt und vom Standpunkt der Humanität aus
geächtet zu haben, Napoleon III. gebürt. Freilich hat derselbe an der trocknen
Guillotine in Cayenne keinen Anstoss genommen, so wenig wie die späteren
römischen Kaiser daran, den völlig unschuldigen Kindern der Hochverräther ein
Loos zu bereiten, das sie selber mit den Worten charakterisiren:»ut his perpetua
egestate sordentibus sit et mors solatium et vita supplicium« (1, 5 Cod. ad leg.
Jul. maj. 9, 8), – um so schöner stach dagegen die Humanität gegen die Schuldner
ab! Es gibt keine bequemere Manier, sich mit der Menschlichkeit abzufinden, als
auf fremde Kosten! Auch das privilegirte Pfandrecht, welches Justinian der
Ehefrau einräumte, entstammte jenem humanen Zuge seines Herzens, über den
er selber nicht umhin kann bei jeder neuen Anwandlung sich höchlich zu
beglückwünschen; aber es war die Humanität des heiligen Crispinus, der den
Reichen das Leder stahl, um den Armen Stiefel daraus zu machen.

und scheut auch die Strenge gegen den Schuldner nicht, wenn sie nöthig ist, um die Sicherheit des Verkehrs, Vertrauen und Credit aufrecht zu erhalten.

Und nun schliesslich unser heutiges römisches Recht! Fast möchte ich bedauern, desselben Erwähnung gethan zu haben, denn ich habe mich damit in die Lage versetzt, ein Urtheil über dasselbe aussprechen zu müssen, ohne es an dieser Stelle ganz so, wie ich es wünschte, begründen zu können. Aber mit meinem Urtheil selber will ich wenigstens nicht zurückhalten.

Wenn ich dasselbe in wenig Worte zusammendrängen soll, so setze ich die Signatur der gesammten Geschichte und der gesammten Geltung des modernen römischen Rechts in das eigenthümliche, durch die Verhältnisse selber allerdings bis zu einem gewissen Grade nothwendig gemachte Uebergewicht der blossen Gelehrsamkeit über alle jene Factoren, welche sonst die Gestaltung und Entwicklung des Rechts bestimmen: das nationale Rechtsgefühl, die Praxis, die Gesetzgebung. Ein fremdes Recht in fremder Sprache, eingeführt durch die Gelehrten und nur ihnen vollständig zugänglich und von vornherein dem Gegensatz und Wechsel zweier ganz verschiedenartiger, oft sich selber gegenseitig bekämpfender Interessen ausgesetzt – ich meine das der rein unbefangenen historischen Erkenntniss und das der praktischen Accommodirung und Fortbildung des Rechts – dem gegenüber eine Praxis ohne die nöthige Kraft der vollen geistigen Beherrschung des Stoffes und daher zur dauernden Abhängigkeit von der Theorie, d. h. zur Unmündigkeit verdammt, der Particularismus in der Rechtsprechung wie in der Gesetzgebung dominirend über die schwachen, wenig entwickelten Ansätze zur Centralisation. Kann es uns Wunder nehmen, dass zwischen dem nationalen Rechtsgefühl und einem solchen Recht ein klaffender Riss sich aufthat, dass das Volk sein Recht, und das Recht das Volk nicht verstand? Einrichtungen und Sätze, die in Rom bei den dortigen Verhältnissen und Gewohnheiten verständig gewesen waren, gestalteten sich hier bei gänzlichem Wegfall ihrer Voraussetzungen geradezu zum Fluch, und nie, so lange die Welt steht, mag eine Rechtsprechung so sehr im Volk den Glauben und das Vertrauen zum Recht erschüttert haben wie diese. Was soll der einfache, gesunde Verstand des Laien dazu sagen, wenn er mit einem Schein vor den Richter tritt, in dem sein Gegner bekennt, ihm hundert Gulden schuldig geworden zu sein, und der Richter den Schein als sog. *cautio indiscreta* für unverbindlich erklärt, oder dazu, dass ein Schein, der ausdrücklich das Darlehen als Schuldgrund nennt, vor Ablauf von zwei Jahren keine Beweiskraft hat?

Doch ich will mich nicht in Einzelheiten ergehen; wo wäre das Ende davon abzusehen? Ich beschränke mich vielmehr darauf, zwei Verirrungen unserer gemeinrechtlichen Jurisprudenz – ich kann sie nicht anders bezeichnen – namhaft zu machen, die principieller Natur sind, und die eine wahre Saat des Unrechts in sich schliessen.

Die eine besteht darin, dass der modernen Jurisprudenz der oben von mir entwickelte einfache Gedanke, dass es sich bei einer Rechtsverletzung nicht bloss um den Geldwerth, sondern um eine Genugthuung des verletzten Rechtsgefühls handelt, völlig abhanden gekommen ist. Ihr Maassstab ist ganz der des platten, öden Materialismus: das blosse Geldinteresse. Ich erinnere mich von einem Richter gehört zu haben, der bei geringem Betrage des Streitobjekts, um des lästigen Processes überhoben zu sein, dem Kläger Zahlung aus eigener Tasche offerirte und höchst entrüstet war, wie derselbe dies Anerbieten zurückwies. Dass es dem Kläger um sein Recht, nicht um sein Geld zu thun sei, wollte diesem gelehrten Richter nicht in den Kopf, und wir rechnen es ihm nicht zur hohen Schuld an: er konnte den Vorwurf von sich abwälzen auf die Wissenschaft. Die Geldcondemnation, die in den Händen des römischen Richters das ausreichendste Mittel gewährte, dem idealen Interesse der Rechtsverletzung gerecht zu werden,[24] hat sich unter dem Einfluss unserer modernen Beweistheorie zu einem der trostlosesten Nothbehelfe gestaltet, mit denen die Gerechtigkeit je dem Unrecht zu steuern versucht hat. Man verlangt vom Kläger, dass er sein Geldinteresse beweise, genau bis auf Heller und Pfennig. Man sehe zu, was aus dem Rechtsschutz wird, wenn ein Geldinteresse nicht existirt! Der Vermiether verschliesst dem Miether den Garten, an dem letzterer contractlich das Mitbenutzungsrecht hat; er bewei-

---

[24] Weiter ausgeführt von mir in einer Abhandlung in meinen Jahrbüchern, B. 18, Nr. I. Es war dieselbe Weise, in der im richtigen Tact heutzutage die französischen Gerichte die Geldcondemnation zur Anwendung bringen, im vortheilhaften Gegensatz zu der völlig verkehrten Manier, in der dies durch unsere deutschen Gerichte geschieht.

se einmal den Geldwerth, den der Aufenthalt in einem Garten hat! Oder Ersterer vermiethet die Wohnung, bevor der Miether sie bezogen, einem Andern, und Jener muss sich ein halbes Jahr lang mit dem elendesten Unterkommen behelfen, bis er eine andere Wohnung findet. Der Gastwirth weist dem Gast, dem er telegraphisch ein Zimmer zugesagt hat, die Thür, und letzterer kann in der Nacht stundenlang umherirren, um ein nothdürftiges Unterkommen zu finden. Das setze man einmal in Geld an, oder richtiger man versuche einmal, was man dafür vor Gericht vergütet bekommt! Bei uns in Deutschland nichts, denn der deutsche Richter kommt über das theoretische Bedenken nicht hinweg, dass Unannehmlichkeiten, und wären sie noch so gross, sich nicht in Geld anschlagen lassen, während dies dem französischen Richter nicht die mindesten Scrupel verursacht. Ein Privatlehrer, der ein Engagement bei einem Privatinstitut angenommen, findet nachher einen vorteilhafteren Platz und wird contractbrüchig, ein anderer an seiner Stelle ist zunächst nicht zu haben. Es deducire Einer den Geldwerth davon, dass die Schüler mehrere Wochen oder Monate hindurch keinen Unterricht in der französischen Sprache oder im Zeichnen genossen haben, oder wie hoch der Geldschaden des Vorstehers des Instituts sich belaufe. Eine Köchin verlässt ohne Grund den Dienst und versetzt, da ein Ersatz am Ort nicht zu haben ist, dadurch die Herrschaft in die grösste Noth; beweise Einer den Geldwerth dieser Calamität. In allen diesen Fällen ist man nach dem gemeinen Recht völlig hülflos, denn die Hülfe, welche das Recht dem Berechtigten offerirt, setzt einen Beweis voraus, der regelmässig gar nicht zu erbringen ist. Und selbst wenn er noch so leicht zu erbringen wäre, würde doch der Anspruch auf den blossen Geldwerth nicht ausreichen, dem Unrecht von der andern Seite wirksam zu steuern. Es ist das also geradezu ein Zustand der Rechtlosigkeit. Nicht das Ungemach, in das man dadurch geräth, ist das Drückende und Verletzende dabei, sondern das bittere Gefühl, dass das gute Recht mit Füssen getreten werden kann, ohne dass es dagegen eine Hülfe gibt. Das römische Recht darf man für diesen Mangel nicht verantwortlich machen, denn obschon dasselbe stets an dem Grundsatz festgehalten hat, dass das Endurtheil nur auf Geld gestellt werden könne, so hat es doch die Geldcondemnation in einer Weise zur Anwendung zu bringen verstanden, dass damit nicht bloss die Geldinteressen, sondern auch alle andern berechtigten Interessen einen wirksamen Schutz erhielten. Die Geldcondemnation war das civilistische Pressionsmittel des Richters, um seinen Geboten Nachachtung zu sichern; ein Beklagter, der sich weigerte zu thun, was der Richter ihm auferlegte, kam nicht mit dem blossen Geldwerth der schuldigen Leistung davon, sondern die Geldcondemnation erhob sich hier zu Function einer Strafe, und eben dieser Erfolg des Processes verschaffte dem Kläger etwas, woran ihm unter Umständen unendlich viel mehr lag als an dem Gelde, nämlich die *moralische Genugthuung für die frivole Rechtsverletzung.* Dieser Gedanke der Genugthuung ist der modernen Theorie des römischen Rechts gänzlich fremd, sie hat für ihn kein Verständniss, sie kennt nichts weiter als den Geldwerth der unterbliebenen Leistung.

Mit dieser Unempfänglichkeit unseres heutigen Rechts für das ideale Interesse der Rechtsverletzung hängt auch die Beseitigung der römischen Privatstrafen durch die moderne Praxis zusammen. Den treulosen Depositar oder Mandatar trifft bei uns keine Infamie mehr; die grösste Schurkerei, sofern sie nur das Criminalgesetz geschickt zu vermeiden versteht, geht heutzutage völlig frei und straflos aus.[25] Dagegen figuriren in den Lehrbüchern allerdings noch die Geldstrafen und die Strafen des frivolen Läugnens, aber in der Rechtsprechung kommen dieselben kaum mehr vor. Was heisst das aber? Nichts anders, als dass bei uns das subjective Unrecht auf die Stufe des objectiven herabgedrückt ist. Zwischen dem Schuldner, der in schamloser Weise das ihm gegebene Darlehen in Abrede stellt, und dem Erben, der dies *bona fide* thut, zwischen dem Mandatar, der mich betrogen, und dem, der sich bloss versehen, kurz zwischen der absichtlichen frivolen Rechtskränkung und der Unkenntniss oder dem Versehen kennt unser heutiges Recht keinen Unterschied mehr – es ist überall nur das nackte Geldinteresse, um das der Process sich dreht. Dass die Wage der Themis auch im Privatrecht ganz so wie im Strafrecht das *Unrecht* wägen soll, nicht das blosse *Geld,* ist ein Gedanke, der von unserer heutigen juristischen

---

[25] Man erinnere sich, dass ich von dem heutigen römischen Recht (S. 83) rede. Wenn ich dies an der gegenwärtigen Stelle noch besonders einschärfe, so geschieht es, weil mir von einer Seite der Vorwurf gemacht worden ist, ich hätte bei dem obigen Vorwurf im Text das deutsche Reichsstrafgesetzbuch § 246, 266 vergessen. Dass ich das heutige römische Recht einer Kritik unterwerfen wollte, hatte der Mann an dieser Stelle bereits vergessen!

Vorstellungsweise so fern abliegt, dass ich, indem ich es wage, ihn auszusprechen, den Einwand gewärtigen muss: gerade darin bestehe ja der Unterschied zwischen Strafrecht und Privatrecht. Für das heutige Recht? Ja; ich füge hinzu: leider! Für das Recht an sich? Nein! Denn man soll mir noch erst beweisen, dass es irgend ein Gebiet des Rechts gibt, auf dem die Idee der Gerechtigkeit sich nicht in ihrem vollen Umfange verwirklichen dürfe, die Idee der Gerechtigkeit aber ist unzertrennlich von der Durchführung des Gesichtspunktes der Verschuldung.

Die zweite der oben genannten wahrhaft verhängnissvoll gewordenen Verirrungen der modernen Jurisprudenz besteht in der von ihr aufgestellten Beweistheorie.[26] Man möchte glauben, dass dieselbe bloss zu dem Zweck erfunden worden sei, um das Recht zu vereiteln. Wenn alle Schuldner der Welt sich verschworen hätten, die Gläubiger um ihr Recht zu bringen, sie hätten zu dem Zweck kein wirksameres Mittel zu Tage fördern können, als unsere Jurisprudenz es mittelst jener Beweistheorie gethan hat. Kein Mathematiker kann eine exactere Methode des Beweises aufstellen, als unsere Jurisprudenz sie zur Anwendung bringt. Den Höhepunkt des Unverstandes erreicht dieselbe in den Schadenersatzprocessen und Interessenklagen. Der grauenhafte Unfug, der hier, um mich der Wendung eines römischen Juristen[27] zu bedienen, »unter dem Schein des Rechts mit dem Recht selber getrieben wird«, und der wohlthätige Contrast, den dazu die verständige Weise der französischen Gerichte bildet, ist in mehreren neueren Schriften in so drastischer Weise geschildert worden, dass ich mich aller weitern Worte enthalten kann; nur das eine kann ich nicht unterdrücken: Wehe bei solchem Process dem Kläger, wohl dem Beklagten!

Fasse ich Alles zusammen, was ich bisher gesagt habe, so möchte ich diesen letztern Ausruf überhaupt als die Parole unserer modernen Jurisprudenz und Praxis bezeichnen. Sie ist auf dem Wege, den

---

[26] Man erinnere sich, dass die folgende Ausführung sich auf unsern gemeinrechtlichen Process bezieht, der zur Zeit, als diese Schrift zuerst erschien (1872), noch bestand, und von dem uns erst die Civilprocessordnung für das deutsche Reich (Gesetzeskraft seit 1. Oct. 1879) erlöst hat.

[27] Paulus in l. 91, § 3 de V. O. (45, 1) ... in quo genere plerumque sub autoritate juris scientiae perniciose erratur; der Jurist hatte hier eine andere Verirrung im Auge.

Justinian eingeschlagen, rüstig fortgeschritten; der Schuldner, nicht der Gläubiger ist es, dessen sie sich glaubt annehmen zu müssen: lieber hundert Gläubigern eclatantes Unrecht thun, als möglicher Weise einen Schuldner zu streng behandeln.

Ein Unkundiger sollte kaum glauben, dass diese partielle Rechtlosigkeit, welche wir der verkehrten Theorie der Civilisten und Processualisten verdanken, noch einer Steigerung fähig gewesen wäre, und doch wird selbst sie noch überboten durch eine Verirrung früherer Criminalisten, die sich geradezu als ein Attentat gegen die Idee des Rechts und als die grauenhafteste Versündigung gegen das Rechtsgefühl bezeichnen lässt, welche wohl jemals von Seiten der Wissenschaft begangen worden ist. Ich meine die schmähliche Verkümmerung des Rechtes der Nothwehr, jenes Urrechtes des Menschen, das, wie Cicero sagt, ein dem Menschen angeborenes Gesetz der Natur selber ist, und von dem die römischen Juristen naiv genug waren zu glauben, dass es in keinem Rechte der Welt versagt sein könne. (»*Vim vi repellere omnes leges omniaque jura permittunt.*«) In den letzten Jahrhunderten und selbst noch in unserm Jahrhundert hätten sie sich vom Gegentheil überzeugen können! Zwar im Princip erkannten die gelehrten Herren dieses Recht an, aber von gleicher Sympathie für den Verbrecher beseelt, wie die Civilisten und Processualisten für den Schuldner, suchten sie es in der Ausübung in einer Weise zu beschränken und zu beschneiden, dass in den meisten Fällen der Verbrecher geschützt, der Angegriffene schutzlos ward. Welcher Abgrund von Verkommenheit des Persönlichkeitsgefühls, von Unmännlichkeit, von gänzlicher Entartung und Abgestumpftheit des einfachen, gesunden Rechtsgefühls öffnet sich, wenn man in die Literatur dieser Lehre hinabsteigt[28] – man möchte glauben, in eine Gesellschaft sittlicher Castraten versetzt zu sein! Der Mann, dem eine Gefahr oder eine Ehrenbeleidigung droht, soll sich zurückziehen, fliehen[29] – es ist also die Pflicht des Rechts, dem Unrecht das Feld zu räumen – und nur darüber waren die Weisen uneins, ob auch Officiere,

---

[28] Sie findet sich zusammengestellt in der Schrift von K. Levita: Das Recht der Nothwehr, Giessen 1856, S. 158 u. f.

[29] Levita a. a. O. S. 237.

Adelige und höhere Standespersonen fliehen müssten[30] – ein armer Soldat, der in Befolgung dieser Weisung sich zwei Mal retirirt, zum dritten Mal aber, von seinem Gegner verfolgt, sich zur Wehr gesetzt und ihn getödtet hatte, ward »sich selber zur heilsamen Lehre, Andern aber zum abschreckenden Exempel« mit dem Schwert vom Leben zum Tode gerichtet!

Leuten von besonders hohem Stande und von hoher Geburt wie auch Officieren soll erlaubt sein, sich zur Vertheidigung ihrer Ehre einer rechtmässigen Nothwehr zu bedienen;[31] jedoch, fügt ein Anderer sofort beschränkend hinzu, dürften sie bei bloss wörtlicher Injurie nicht bis zur Tödtung des Gegners vorschreiten.

Anderen Personen dagegen und selbst den Staatsbeamten könne man nicht ein Gleiches zugestehen; die Civiljustizbeamten werden damit abgefunden, dass sie als »blosse Gesetzmenschen mit allen ihren Ansprüchen an den Inhalt der Landesrechte verwiesen werden müssten und weiter keine Prätensionen machen könnten«. Am schlimmsten kommen die Kaufleute weg. »Kaufleute, selbst die reichsten«, heisst es, »machen keine Ausnahme, ihre Ehre sei ihr Credit, sie haben nur so lange Ehre, als sie Geld haben, sie können es füglicherweise ohne Gefahr, ihre Ehre oder ihren Leumund zu verlieren, dulden, dass sie mit Schimpfnamen belegt werden, und wenn sie zur niedrigeren Classe gehören, einen wenig schmerzhaften Backenstreich und Nasenstüber empfangen.« Ist der Unglückliche gar ein gemeiner Bauer oder Jude, so soll er bei Uebertretung dieser Vorschrift mit der ordentlichen Strafe der verbotenen Selbsthülfe belegt werden, während andere Personen nur »möglichst gelinde« bestraft werden sollen.

Besonders erbaulich ist die Art, wie man die Nothwehr zum Zweck der Behauptung des Eigenthums auszuschliessen suchte. Eigenthum, meinten die Einen, sei gerade so wie die Ehre ein ersetzliches Gut, jenes werde ersetzt durch die *reivindicatio*, diese durch die *actio injuriarum*. Aber wie, wenn der Räuber mit der Sache sich über alle Berge gemacht hat, und man nicht weiss, wer und wo er ist? Die beruhigende Antwort lautet: Der Eigenthümer hat *de jure*

---

[30] Daselbst S. 240.
[31] Daselbst S. 205 u. 206.

immer noch die *reivindicatio*, und »es ist nur die Folge zufälliger, von der Natur des Vermögensrechts selbst ganz unabhängiger Umstände, wenn in einzelnen Fällen die Klage nicht zum Ziele führt«.[32] Damit mag sich Derjenige trösten, der sein ganzes Vermögen, das er in Werthpapieren bei sich führt, widerstandslos dahingeben muss; er behält immer noch das Eigenthum und die *reivindicatio*, der Räuber hat nichts als den factischen Besitz! Das erinnert an den Bestohlenen, der sich damit tröstete, dass der Dieb die Gebrauchsanweisung nicht in Händen habe. Andere verstatten in einem Fall, wo es sich um einen sehr bedeutenden Werth handelt, zwar nothgedrungen die Anwendung von Gewalt, aber sie machen es dem Angegriffenen zur Pflicht, dass er trotz des höchsten Affectes sehr genau überlege, wie viel Kraft erforderlich sei, um den Angriff zurückzuweisen – schlägt er dem Angreifer nutzloser Weise den Hirnschädel ein, wo Jemand, der die Stärke des Hirnschädels vorher hätte genau untersuchen und sich auf das richtige Schlagen gehörig hätte einüben können, ihn durch einen minder wuchtigen Schlag hätte unschädlich machen können, so haftet er. Sie denken sich die Lage des Angegriffenen etwa wie die des Odysseus, der sich zum Zweikampf mit Iros vorbereitet, Odyssee XVIII, 90 fl.:

> Jetzo erwog im Geiste der herrliche Dulder Odysseus:
> Ob er ihn schlüge mit Macht, dass er gleich hintaumelte seellos;
> Oder ob sanft er schlüg' und nur auf den Boden ihn streckte.

Dieser Gedanke erschien dem Zweifelnden endlich der beste. Bei minder werthvollen Gegenständen dagegen, z. B. einer goldenen Uhr oder einer Börse mit einigen Gulden oder auch einigen hundert Gulden, soll der Bedrohte bei Leibe dem Gegner kein Uebles zufügen. Denn was ist eine Uhr gegen Leib, Leben und heile Gliedmassen? Das eine ist ein höchst ersetzliches, das andere ein völlig unersetzliches Gut. Eine unbestreitbare Wahrheit! – – bei der nur die Kleinigkeit übersehen ist, einmal dass die Uhr dem *Angegriffenen*, die Gliedmassen dem *Räuber* gehören, und dass letztere zwar für *ihm* einen sehr hohen, für *jenen* aber gar keinen Werth haben, und

---

[32] Daselbst S. 210.

sodann in Bezug auf die völlig unbestreitbare *Ersetzlichkeit* der Uhr die Frage: *wer* sie ersetzt?

Doch genug der gelehrten Thorheit und Verkehrtheit! Welch tiefe Beschämung muss es in uns hervorrufen, wahrzunehmen, wie jener einfache Gedanke des gesunden Rechtsgefühls, dass in jedem Recht, sei der Gegenstand auch nur eine Uhr, die Person selber mit ihrem ganzen Recht und ihrer ganzen Persönlichkeit angegriffen und verletzt erscheint, der Wissenschaft in einer Weise abhanden kommen konnte, dass sie die Preisgabe des eigenen Rechts, die feige Flucht vor dem Unrecht zur Rechtspflicht erheben konnte! Kann es Wunder nehmen, wenn in einer Zeit, in der solche Ansichten sich in der Wissenschaft an's Tageslicht wagen durften, der Geist der Feigheit und apathischen Erduldung des Unrechts auch die Geschicke der Nation bestimmte? Wohl uns, dass wir erlebt haben, dass die Zeit eine andere geworden, – solche Ansichten sind jetzt geradezu eine Unmöglichkeit geworden, sie konnten nur gedeihen in dem Sumpf eines politisch und rechtlich gleich verkommenen nationalen Lebens.

Mit der soeben entwickelten Theorie der Feigheit, der Verpflichtung zur Preisgabe des bedrohten Rechts habe ich den äussersten wissenschaftlichen Gegensatz zu der von mir vertheidigten Ansicht berührt, welche letztere umgekehrt den Kampf um's Recht zur Pflicht erhebt. Nicht ganz so tief, aber immer tief genug unter der Höhe des gesunden Rechtsgefühls liegt das Niveau der Ansicht eines neuern Philosophen, *Herbart*, über den letzten Grund des Rechts. Er erblickt denselben in einem, man kann nicht anders sagen, ästhetischen Motiv: dem Missfallen am Streit. Es ist hier nicht der Ort, die völlige Unhaltbarkeit dieser Ansicht darzulegen, ich befinde mich in der glücklichen Lage, dafür auf die Ausführungen eines Freundes Bezug nehmen zu können.[33] Wäre der ästhetische Standpunkt bei der Würdigung des Rechts ein berechtigter, ich wüsste nicht, ob ich das ästhetisch Schöne beim Recht anstatt darein, dass es den Kampf *ausschliesst*, nicht vielmehr gerade darein setzen sollte, dass es den Kampf *in sich schliesst*. Wer den Kampf als solchen ästhetisch unschön findet, wobei ja die ethische Berechtigung desselben ganz ausser Frage gelassen wird, der möge nur die ganze Literatur und Kunst von Homers Ilias und den Bildnerarbei-

---

[33] Jul. Glaser, Gesammelte kleinere Schriften über Strafrecht, Civil- und Strafprocess. Wien 1868, B. I, S. 202 f.

ten der Griechen an bis auf unsere heutige Zeit streichen, denn es gibt kaum einen Stoff, der für sie eine so hohe Anziehungskraft bewährt hätte als der Kampf in allen seinen verschiedenen Formen, und denjenigen soll man noch erst suchen, dem das Schauspiel der höchsten Anspannung menschlicher Kraft, das die bildende Kunst und die Dichtkunst in beiden verherrlicht haben, statt des Gefühls ästhetischer Befriedigung das des ästhetischen Missfallens einflösste. Das höchste und wirksamste Problem für die Kunst und Literatur bleibt stets das Eintreten des Menschen für die Idee, heisse die Idee Recht, Vaterland, Glaube, Wahrheit. Dieses Eintreten aber ist stets ein Kampf.

Allein nicht die Aesthetik, sondern die Ethik hat uns Aufschluss darüber zu geben, was dem Wesen des Rechts entspricht oder widerspricht. Die Ethik aber, weit entfernt, den Kampf um's Recht zu verwerfen, zeichnet ihn den Individuen wie den Völkern da, wo die von mir in dieser Schrift entwickelten Bedingungen vorliegen, als Pflicht vor. Das Element des Kampfes, das Herbart aus dem Rechtsbegriff eliminiren will, ist sein ureigenes, ihm ewig immanentes – *der Kampf ist die ewige Arbeit des Rechts.* Ohne Kampf kein Recht, wie ohne Arbeit kein Eigenthum. Dem Satz: »*Im Schweisse Deines Angesichts sollst Du Dein Brod essen*«, steht mit gleicher Wahrheit der andere gegenüber: »*Im Kampfe sollst Du Dein Recht finden.*« Von dem Moment an, wo das Recht seine Kampfbereitschaft aufgibt, gibt es sich selber auf, – auch vom Recht gilt der Spruch des Dichters:

> Das ist der Weisheit letzter Schluss:
> Nur der verdient sich Freiheit wie das Leben,
> Der täglich sie erobern muss.

Über tredition

Eigenes Buch veröffentlichen

tredition wurde 2006 in Hamburg gegründet und hat seither mehrere tausend Buchtitel veröffentlicht. Autoren veröffentlichen in wenigen leichten Schritten gedruckte Bücher, e-Books und audio-Books. tredition hat das Ziel, die beste und fairste Veröffentlichungsmöglichkeit für Autoren zu bieten.

tredition wurde mit der Erkenntnis gegründet, dass nur etwa jedes 200. bei Verlagen eingereichte Manuskript veröffentlicht wird. Dabei hat jedes Buch seinen Markt, also seine Leser. tredition sorgt dafür, dass für jedes Buch die Leserschaft auch erreicht wird.

Im einzigartigen Literatur-Netzwerk von tredition bieten zahlreiche Literatur-Partner (das sind Lektoren, Übersetzer, Hörbuchsprecher und Illustratoren) ihre Dienstleistung an, um Manuskripte zu verbessern oder die Vielfalt zu erhöhen. Autoren vereinbaren direkt mit den Literatur-Partnern die Konditionen ihrer Zusammenarbeit und partizipieren gemeinsam am Erfolg des Buches.

Das gesamte Verlagsprogramm von tredition ist bei allen stationären Buchhandlungen und Online-Buchhändlern wie z. B. Amazon erhältlich. e-Books stehen bei den führenden Online-Portalen (z. B. iBookstore von Apple oder Kindle von Amazon) zum Verkauf.

Einfach leicht ein Buch veröffentlichen: **www.tredition.de**

Eigene Buchreihe oder eigenen Verlag gründen

Seit 2009 bietet tredition sein Verlagskonzept auch als sogenanntes "White-Label" an. Das bedeutet, dass andere Unternehmen, Institutionen und Personen risikofrei und unkompliziert selbst zum Herausgeber von Büchern und Buchreihen unter eigener Marke werden können. tredition übernimmt dabei das komplette Herstellungs- und Distributionsrisiko.

Zahlreiche Zeitschriften-, Zeitungs- und Buchverlage, Universitäten, Forschungseinrichtungen u.v.m. nutzen diese Dienstleistung von tredition, um unter eigener Marke ohne Risiko Bücher zu verlegen.

Alle Informationen im Internet: **www.tredition.de/fuer-verlage**

tredition wurde mit mehreren Innovationspreisen ausgezeichnet, u. a. mit dem Webfuture Award und dem Innovationspreis der Buch Digitale.

tredition ist Mitglied im Börsenverein des Deutschen Buchhandels.

Dieses Werk elektronisch lesen

Dieses Werk ist Teil der Gutenberg-DE Edition DVD. Diese enthält das komplette Archiv des Projekt Gutenberg-DE. Die DVD ist im Internet erhältlich auf **http://gutenbergshop.abc.de**

MIX

Papier | Fördert
gute Waldnutzung

FSC® C083411

Zeitfracht Medien GmbH
Ferdinand-Jühlke-Straße 7
99095 Erfurt, Deutschland
produktsicherheit@kolibri360.de